ヒスカルセレクション

考古 1

旧石器時代

日本文化のはじまり

佐藤宏之

敬文舎

デザイン　竹歳明弘
地図・図版作成　蓬生雄司
編集協力　阿部いづみ

はじめに

日本の歴史は旧石器時代に始まる。日本旧石器学会が二〇一〇年に集計したデータによれば、日本列島の旧石器時代の遺跡数は一万四五〇〇（ただし文化層*ごとの合計）にのぼる。更新世《こうしんせい》（氷河時代または氷期）に属する縄文時代草創期の遺跡数が二五〇〇なので、合計すると、日本列島の更新世の遺跡は一万七〇〇〇に及ぶ。

この数は、世界的にみても突出した数値であり、密度となる。日本で行われている考古学的調査（埋蔵文化財の行政調査が主体）の量と質がきわめて高い水準にあることを割り引いても、日本列島の氷期は、周辺大陸などにくらべて生活しやすかったことを示唆していよう。

旧石器時代の人びとは移動（遊動）生活をしていたため、遺跡の数から単純に当時の人口を算出することは非常にむずかしいが、旧石器時代をとおして数万人程度の人びとが暮らしていたと推定されている。

旧石器時代は氷河時代（氷期）に相当し、いまよりもはるかに寒冷で、しかも大陸性の乾燥気候のもとに人びとは暮らしていた。さらに今日の安定した温暖・湿潤気候とは異なり、数十年程度の間隔で年平均気温がはげしく上下するような不安定な気候であったため、北方系の針葉樹林《しんようじゅりん》が主体という植生環境も災いして、メジャーフードとしての植物食糧を安定して獲得することが期待できなかった。

＊文化層　旧石器時代の遺跡から出土する石器などの遺物は、土中に埋没してからのち自然の作用によって、遺物が本来の生活面から上下に拡散することが一般的である。そこで、一時期の生活の痕跡が残されたと考えられる遺物がまとまって出土する垂直方向の範囲を文化層と呼ぶ。

そのため人びとは、もっぱら動物の狩猟をおもな生業としており、動物を求めて移動を繰り返す生活を送っていた。

旧石器時代の考古学資料の大部分は石器《せっき》であるが、その石器の多くは、狩猟具から構成されていた。遺跡から発見されるのは、多くの場合、石器と石器を製作した残滓《ざんし》であり、住居や墓などの遺構はほとんどなく、わずかに礫《れき》群と呼ばれる調理の痕跡がみられる程度である。縄文時代以降にみられるような竪穴《たてあな》住居から成る集落は未発見である。

しかしながら、旧石器時代の人びとは、漫然と動物を追い求めた流浪《るろう》の民ではなかった。氷期の動物相は、ゾウや大型のシカ・ウシなどの、今日では絶滅している大型哺乳類《ほにゅうるい》と、シカやイノシシ・ウサギのような中小型哺乳類（これは今日も同じ）から成っており、大型動物が絶滅する以前は、草原に暮らす大型動物に狩猟対象を絞った狩猟戦略が採用されていた。

草原に生息する大型動物は、餌《えさ》となる草を求めて広い範囲を移動するため、人びとも広域移動を行っていたので、列島中の石器には地域的な差異が少なかった。しかしながら、旧石器時代の中ごろに大型動物が絶滅したため、人びとはこんどは中小型動物狩猟に狩猟戦略を移行した。

中小型動物は、生態学的に棲息《せいそく》範囲が大型動物よりも狭いため、集団の移動範囲が縮小し、かつ地域内を計画的、回帰的に移動するようになった。その結果、

東内野型尖頭器(『印旛郡史』より）　千葉県富里市東内野遺跡。

古本州島《こほんしゅうとう》では地域を単位とした石器群が形成され、地域社会が日本ではじめて誕生することになった。

氷期の寒冷化により海水面が低下したため、列島は三つの地理的単位から構成されていた。大陸と陸でつながった古北海道半島、本州・四国・九州がひとつの陸塊《りくかい》となった古本州島、陸域は拡大していたが島から構成されていた古琉球《こりゅうきゅう》諸島である。この三つの地理的単位ごとに異なる旧石器文化が形成され、それが旧石器時代の二万年間継続したので、のちの三つの日本文化（「北の文化」「中の文化」「南の文化」）を生み出す元となった。

更新世末期になると、長く続いた旧石器文化に大きな変化が現れる。それまで古北海道半島のなかにとどまっていた細石刃《さいせきじん》*石器群の一部が、古本州島に侵入した。古本州島では、それまで長く続いた石刃製の基部・側縁加工尖頭形《せんとうけい》*石器群から、槍先形《やりさきがた》尖頭器石器群や細石刃石器群などに目まぐるしく交代し、縄文時代草創期には大型尖頭器や石斧《せきふ》からなる神子柴《みこしば》*系石器群が現れた。

やがて更新世末の晩氷期直前には、氷期中でありながら最古の土器が出現した。縄文時代草創期の開始である。五〇〇〇年ちかく継続した草創期は、基本的に氷期末期の文化であり、はげしい気候変動をともなっていたが、内水面*漁撈《ぎょろう》の開始や最古の集落の出現といった新しい文化要素が出現し、完新世《かんしんせい》の始まりとともに縄文時代早期が開始される。早期が始まると同時に、ほぼ縄文時代の基本的な文化要素は出揃っていた。

本書は日本列島の旧石器時代について、最新の研究成果に基づき議論していきたい。

＊細石刃　幅一センチメートル以内の極小の石刃のこと。くわしくは40ページ参照。

＊尖頭形石器　先端が鋭く尖った剥片や石刃を用いた狩猟用石器の総称。

＊神子柴系石器　118ページ写真参照。

＊内水面　河川や湖などの陸にある水界。海洋は外水面。

第一章 旧石器時代の自然環境と人びと

氷期の地理的環境と気候

日本列島の歴史

日本列島最古の遺跡については、見解が分かれてはいるが、愛知県*加生沢《かせいざわ》遺跡の推定年代（二〇万年前）が正しいとすれば、前期旧石器時代末から中期旧石器時代初めとなる。

世界の旧石器時代の時期区分は、地域によって多少の異なりがあるが、東アジアでは前期（二〇〇～二〇万年前）・中期（二〇～四万年前）・後期（四～一万年前）旧石器時代から成り、おおむね前期は原人が、中期はネアンデルタール人などの旧人が、そして後期は現生人類ホモ・サピエンス（新人）がつくった文化とみなすことができる。

ただしこの理解は、研究の先進地域であるヨーロッパでつくられた図式であり、アジアの最新の研究によれば、単純な人類進化をみせるヨーロッパ（原人→旧人→新人）とは異なり、アジアでは原人または旧人が遅くまで生存し、現生人類と共存する時期があったことがわかりつつある。

日本列島（以下、列島）には、中期旧石器時代に岩手県*金取《かなどり》遺跡・群馬県*権現山《ごんげんやま》遺跡・島根県*砂原《すなばら》遺跡・熊本県*大野《おおの》遺跡など、六〇遺跡程度の遺跡の存在が確認・報告されているが、一万か所以上の遺跡が確認されている後期旧石器時代にくらべて、その数はいちじるしく少

***加生沢遺跡**　愛知県新城市所在。大型の尖頭礫器や両面体、小型の剥片石器が多数採集された。二〇万年前ごろの遺跡と推定されている。

***金取遺跡**　岩手県遠野市所在。四枚ある文化層のうち下位の第四、第三文化層から、大型の礫器や小型の剥片石器が出土している。火山灰分析や年代測定などから、九～五万年前の中期旧石器時代の遺跡と推定されている。

***権現山遺跡**　群馬県伊勢崎市所在。故相沢忠洋によって発見された。二つの地点から

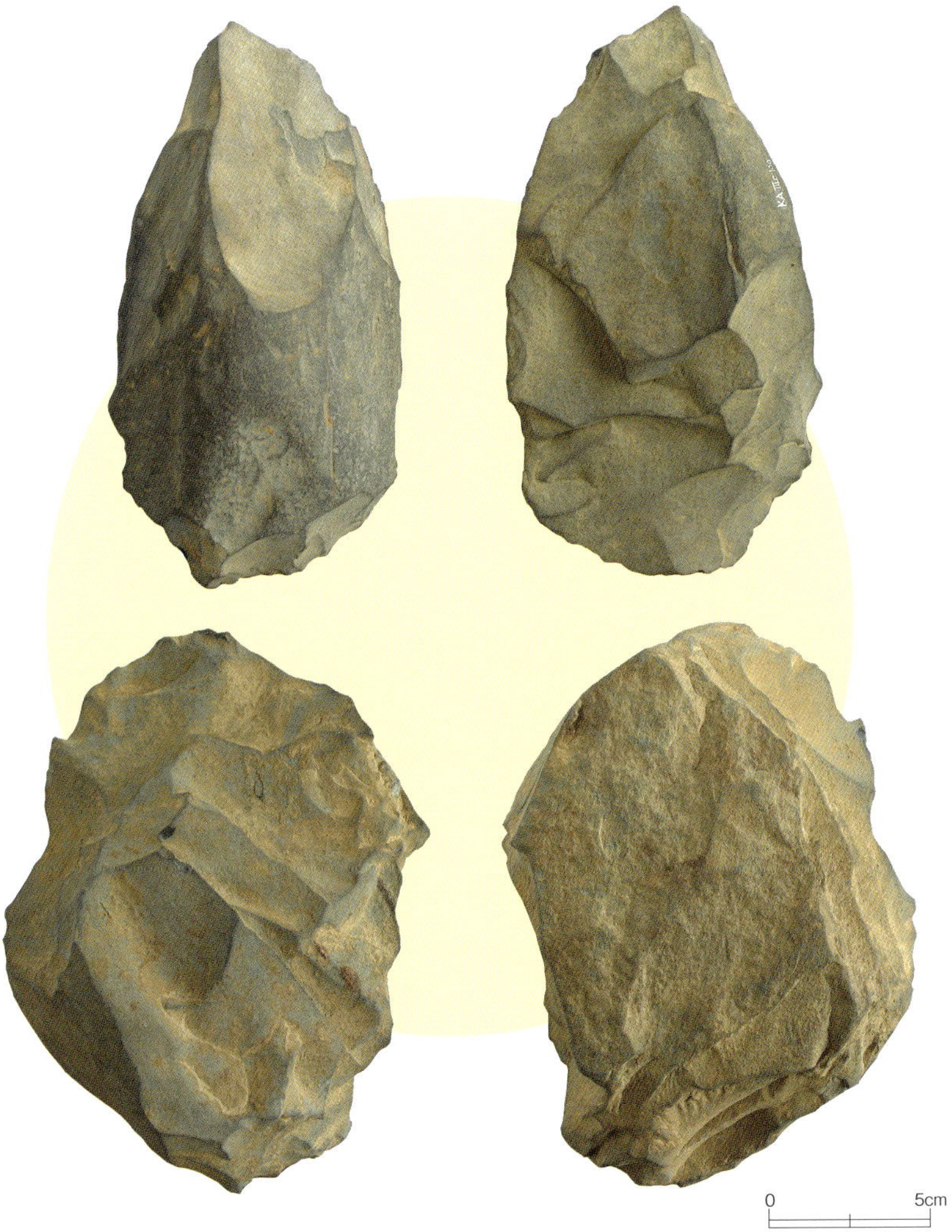

金取遺跡第Ⅲ文化層出土の石器　中期旧石器時代の両面加工の礫器。古い特徴をもっており、上段の尖頭礫器は後期旧石器時代初頭の局部磨製石斧の祖形と思われる。岩手県遠野市。

成り、いずれも大型剥片製の削器などが採集され、中期旧石器時代の可能性が高い。現在、遺跡は消失してしまった。

＊砂原遺跡　島根県出雲市に所在する中期旧石器時代の遺跡。二枚の文化層から石核・剥片・敲石などが出土。古土壌の推定形成年代や火山灰の年代測定から、一二〜一一万年前と推定されている。

＊大野遺跡　熊本県人吉市所在。ルミネッセンス法による年代測定によって七万年前と測定された最下層からは、礫器や剥片石器など多数の中期旧石器時代の石器が出土した。

浜北根堅遺跡の遠景　写真中央の看板付近から、現在のところ沖縄を除いて唯一の旧石器時代人骨である浜北人骨(18,000年前)が出土したが、出土地点はすでに失われている。静岡県浜松市。

ない。列島から出土した旧石器時代の化石人骨は、沖縄を除いて一例（静岡県*浜北根《はまきたね》堅《がた》遺跡）しかないため、これら中期旧石器時代の人びとが旧人であったのかもよくわかっていない。

列島の旧石器文化は、後期旧石器時代（三・八〜一・六万年前）になって本格的に開始されたということができる。

そこで本書では、後期旧石器時代（以下、旧石器時代）を対象に記述するが、その前に、旧石器時代の人びとが暮らした自然環境について説明しておきたい。なぜなら、今日の自然環境とはいちじるしく異なるからである。

＊浜北根堅遺跡　静岡県浜松市所在。石灰岩の割れ目から、沖縄以外で唯一の旧石器時代化石人骨（一・八万年前）を出土した。二〇一七年に再調査をおこなったが、残念ながら人骨などの旧石器時代の遺物は発見できなかった。

氷期の地理的環境

旧石器時代人が暮らした時代は、氷河時代（氷期）に相当する。氷期はいまより気温が低く、陸上では水分が凍りつき、氷床《ひょうしょう》などを形作っていた。そのため海面がいちじるしく低下し、今日の海面にくらべてもっとも低下したときには、一〇〇〜一四〇メートル程度も低かったと考えられている。

したがって、列島の地理的環境は今日とは大きく異なり、おもに三つの地理的単位から構成されていた。

■最終氷期最寒冷期LGMにおける日本列島の地理的環境

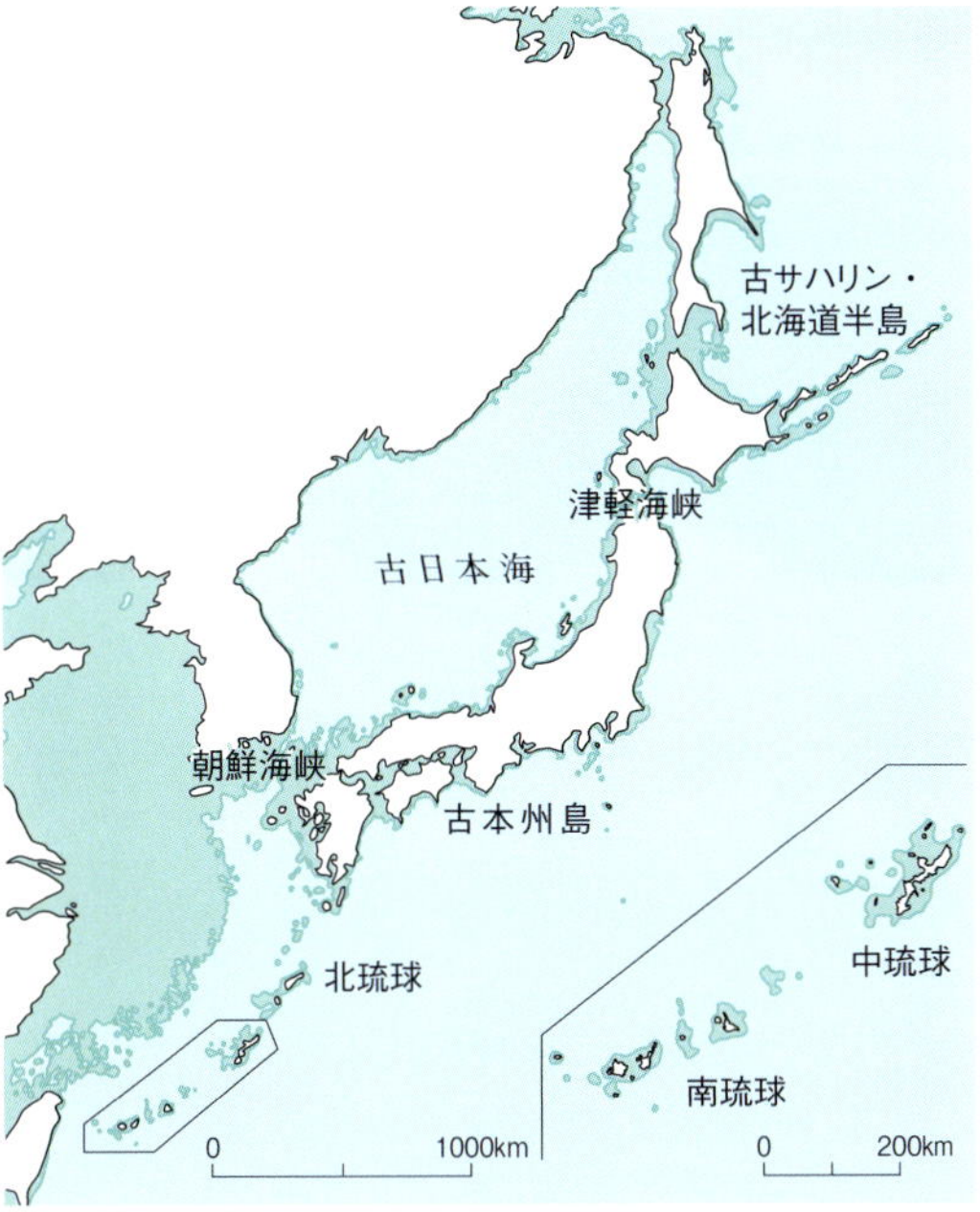

薄いトーンの部分は-140メートルの水深のライン。LGMのときの海岸線を示していると推定されている。狭いながらも津軽海峡と朝鮮海峡は存在しており、古本州島は島であった。

今日の北海道は、サハリン・千《ち》島《しま》列島（クリル諸島）南部（歯《はぼ》舞《まい》・色丹《しこたん》・国後《くなしり》島）とともに、アジア大陸に直接、陸でつながる半島（古北海道半島）を形成していた。

瀬戸内海が陸化していたため、本州・四国・九州はひとつの陸塊

（古本州島）となっていたが、沖縄諸島のような南島は、陸域が拡大していたとはいえ、基本的には島嶼《とうしょ》のままであった（古琉球諸島）。

こうした地理的環境は、二万年以上におよぶ旧石器時代のあいだ継続していたので、基礎的な海洋渡航技術をもちつつも、それを積極的には使う必要のなかった旧石器人は、この三つの単位ごとに文化圏を形成することになった。

これが、のちの三つの日本文化をつくり出す素因となる。

氷期の気候

氷期をつくり出したのは、気候変動にその原因がある。地質年代でいう更新世（二八〇～一・一七万年前）は、寒冷な氷期と温暖な間氷期が一〇～一二万年程度のサイクルで繰り返し訪れる氷河時代であり、旧石器時代は後期更新世（一二～一・一七万年前）後半に相当する。

現在の列島は完新世（一・一七万年前～現在）の間氷期にあたり、温暖で湿潤な安定した海洋性気候下にあるが、旧石器時代は対照的に、寒冷で乾燥した不安定な大陸性気候下にあった。氷期の気候の最大の特徴は、ダンスガード・オシュガー・サイクル*（DOサイクル）と呼ばれる、短期間にはげしく寒暖を繰り返す変動下にあったことで、寒冷を基調としながらも、数十年で年平均気温が一〇度前後変動する場合もあった。

この気候変動は予測が困難であったため、旧石器人たちは、はげしい気候変動に応じて目まぐるしく変化する資源に適応した生活を送らねばならず、そのため定住生活ではなく、移動を前提とした遊動生活を居住行動の基本戦略としていた。この気候変動は世界的な規模で

＊ダンスガード・オシュガー・サイクル（DOサイクル）　グリーンランド氷床などのボーリング・コア堆積物の解析から、ダンスガードとオシュガーらによって発見された氷期の気候変動曲線のこと。それ以前はアルプスで発見された氷河の痕跡から、更新世にはギュンツ・ミンデル・リス・ヴュルムという四つの氷期が単純に繰り返されていたと考えられていたが、DOサイクルの発見により、気候変動ははるかに目まぐるしく繰り返されていたことがわかった。

■氷期の気候変動 DOサイクル

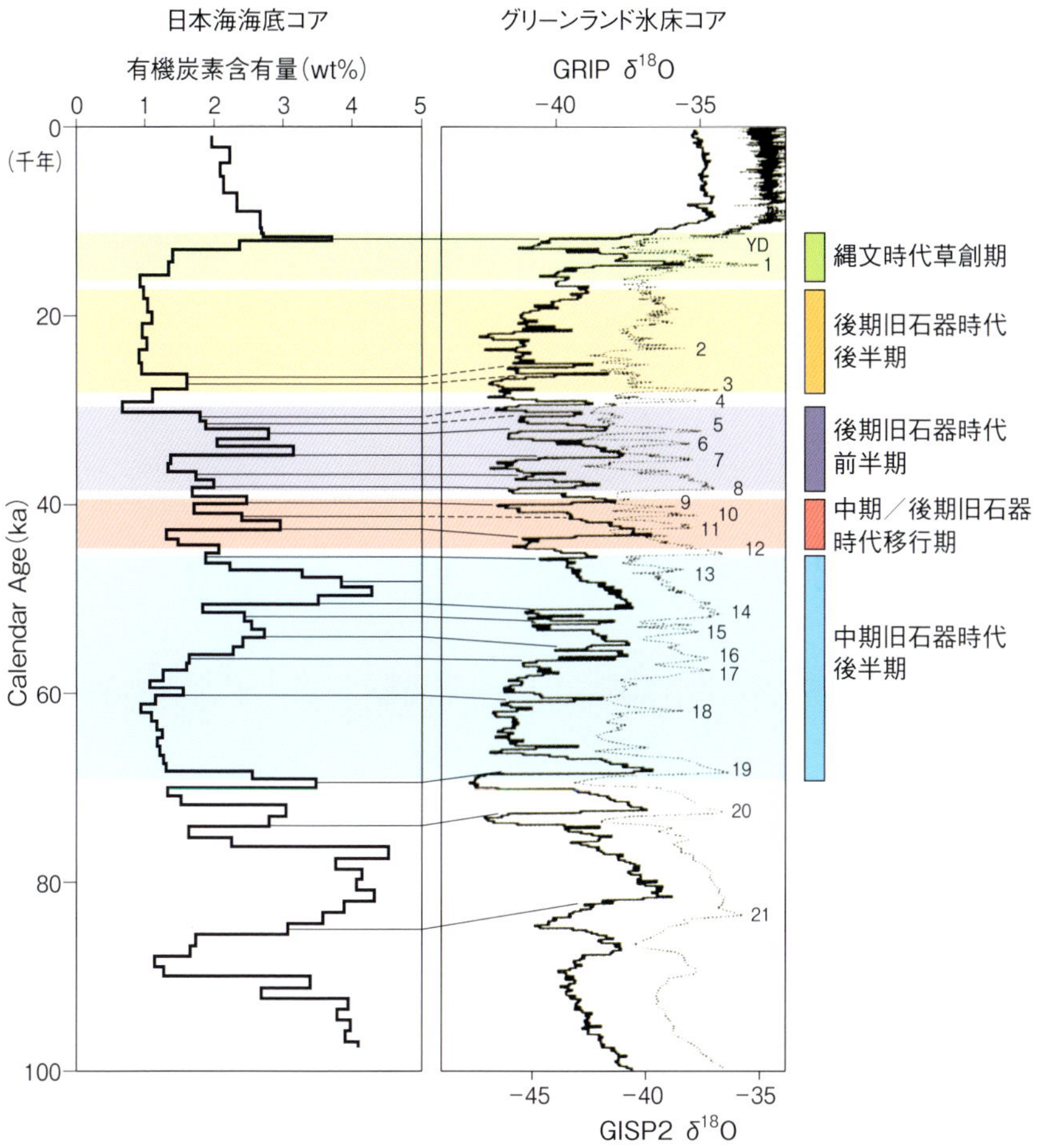

日本海とグリーンランドから得られたコアによる過去10万年間の気候変動を調べたところ、両者はよく似ていることから、この気候変動は地球規模で起こっていたことがわかった。グラフの右にいくほど温暖であり、左に行くほど寒冷なことを示している。GRIP・GISP2はグリーンランド氷床中央部の2か所のボーリング地点を指しており、それぞれ実線と点線で変動曲線が書かれている。点線横の数字は温暖イベントを意味する。

起こったため、農耕社会の成立や都市・文明の発生といった、定住生活を前提とした世界的な歴史事象は、すべて完新世の気候安定期の出来事となった。

ただし、列島の気候変動には、もうひとつ重大な変化があった。それは、氷期の大陸性寒冷乾燥気候から、完新世の海洋性温暖湿潤気候への劇的な交代である。氷期の列島は陸域が拡大していたため、古本州島を大陸から切り離していた津軽《つがる》海峡と朝鮮《ちょうせん》海峡は現在よりもはるかに幅が狭まり、古日本海には大洋から海流の分流が流れ込まなかった。

さらに今日オホーツク海に流入しているアムール川や、同じく東シナ海に流入している黄《こう》河《が》のような大河のもたらす大量の淡水が、古日本海に注いでいたため、海水の淡水化に拍車がかけられ、古日本海の上層は淡水化して、冬季には海氷（流氷）が発達する閉鎖海域となっていた。

日本海に暖流（黒潮分流）が流れ込まなかったことにより、冬季の日本海側の大量降雪*などの現象はなく、列島は大陸性の乾燥気候が支配していた。

このことは、氷期の列島に広がっていた植物相が、今日とは異なり、大陸性の乾燥気候に適応した種から構成されていたことを意味している。シベリア南部に類似した植生は、植物食糧資源の利用を大きく制限する要因となった。列島の植生が今日のような温帯森林になるには、完新世初頭の縄文時代早期の初めまで待たねばならなかった。同時期に冬季日本海側の大量降雪がはじまったと考えられている。

氷期の短周期気候変動（DOサイクル）は、古北海道半島のような北方での影響が大きく、古本州島も同様であったと思われるが、古琉球諸島では、相対的に小さかった可能性が高い。

＊大量降雪　暖かい暖流が流れ込むと、冬の寒い季節風によって大量の蒸気が発生して雲になり、それが脊梁山脈にぶつかって降雪をもたらす、という意味。

食料資源の開発

氷期の植物相と資源利用

旧石器時代の人びとは、主として各種の自然資源を開発して暮らす狩猟採集民であった。彼らが利用した資源には、食糧資源以外にも、住居や衣服の材料、各種の道具の素材などがあるが、もっとも重要であったのは、食糧資源である。

農耕開始以前の旧石器時代人は、当然のことながら、動植物資源をいかにして効率よく利用するかということに腐心していたに違いない。しかしながら、旧石器時代の遺跡からは、当時の人びとが利用した動植物遺体が出土することはほとんどない。したがって、彼らが利用した食糧資源を供給した背景となる動植物相を検討することから、研究をはじめる必要がある。そこでまず、当時の植物相について検討する。

植物学による古環境復元の研究はこれまでもおこなわれてきたが、そのデータを考古学研究に利用することには消極的だった。その理由のひとつは、これら植物相に関するデータの多くが、その正確な年代が不詳であったからである。近年ＡＭＳ法[*]などの高精度年代測定技術の利用が進展したので、ようやく考古学での活用が進んだ。ここではまず最終氷期最寒冷期（ＬＧＭ）の列島の植生についてみてみたい。

＊ＡＭＳ法　放射性炭素を利用した年代測定法のひとつ。加速器を使用して測定することで、従来よりもはるかに微量の炭素で、より正確に測定することが可能となったことから、五万年前から現在までのあいだの年代測定をする方法として、現在もっとも普及している。

世界の旧石器時代研究では、古環境研究の成果や世界各地の旧石器文化の比較のため、世界規模での寒冷・温暖のサイクルを示す*海洋酸素同位体ステージ（ＭＩＳ）を利用した時代区分が一般的に使用されている。

陸から離れているため、陸上生態系や後世の攪乱《かくらん》の影響を受けにくい深海底には、原則として過去数百万年に及ぶ連続した堆積物があり、その*ボーリング・コアの成分分析から、過去の環境変動の歴史を復元することができる。

グリーンランドや南極氷床などの年縞堆積《ねんこうたいせき》（一年ごとの堆積物）から復元されたＤＯサイクルのほうが、短期間での変化がよくわかるが、氷床は、北の一部の地域に偏《かたよ》るといったように、分布が限られている。

一方、深海底は、年縞堆積が形成されないので、氷床ほどには短期間での変化の解析には

＊海洋酸素同位体ステージ　深海海底コアの解析によるステージなので、ＭＩＳ（Marine Isotope Stage の略称）と呼ばれる。過去の気候変動は温暖と寒冷を繰り返しているので、温暖期を奇数で、寒冷期を偶数で示す。たとえば現在の完新世の温暖期はＭＩＳ１にあたる。

＊ボーリング・コア　土壌や氷などの堆積物の変化を観察するために、堆積物を、人力

■旧石器時代年表

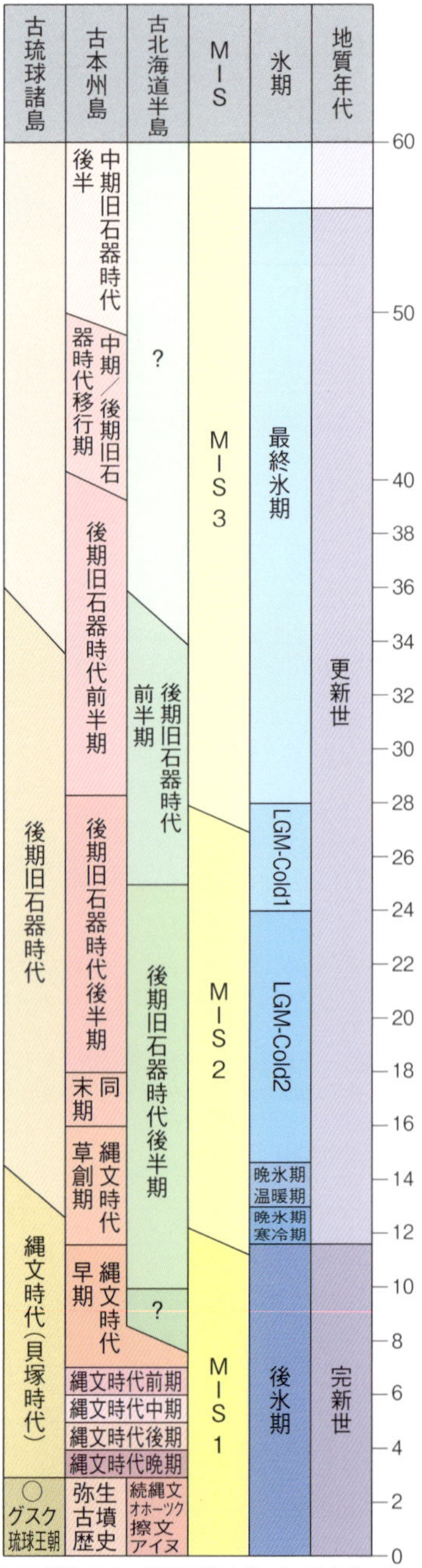

日本列島の3つの旧石器文化が、その後の3つの日本文化を形成した。

向かないが、世界各地にあるため、地球規模での古環境復元にはより有効となる。

列島の旧石器時代は、ＭＩＳ３（六～二・八万年前）後半からＭＩＳ２（二・八～一・一七万年前）が相当し、ＬＧＭはＭＩＳ２の前半になる（ただし、ＬＧＭをＭＩＳ２全体とする考えもある）。

ＬＧＭの時期は、世界各地で微妙に異なるが、列島ではおおむね二・八～二・四万年前（ＬＧＭ-cold 1）と想定されている。つまり今日とほぼ同程度に温暖であった最終間氷期（ＭＩＳ５e、一二万年前）以降の最終氷期のうち、ＬＧＭがもっとも寒冷であったことを意味する。

列島の四つの植生帯

ＬＧＭの列島は、大きく分けて四つの植生帯から構成されていた。

古北海道半島東部はツンドラ草原と疎林《そりん》から成る植生に広く覆われていたが、この植生はマンモス・ステップとも呼ばれ、後述するマンモス動物群の棲息に適した地域であった。今日のシベリア北部（極北）とよく似た植生帯であったと考えられている。

古北海道半島西部と古本州島東側には、寒温帯針葉樹林《しんようじゅりん》が広がっていた。寒温帯針葉樹林は、かつて亜寒帯針葉樹林と呼ばれたこともあったが、今日の列島には分布していない乾燥気候に適応した種から構成される植生なので、耳慣れない名前であるが、このように呼称したほうが、より適切であると考えられている。今日のアムール川流域に分布する、いわゆるタイガに近い。

や機械を用いて垂直方向に長い円筒状にくり抜くことをいう。円筒の下ほど古い堆積物なので、その年代がわかれば過去の地質や自然環境・気候などの環境情報を獲得・分析することができる。

古本州島西部は、針広混交林《しんこうこんこうりん》に覆われていた。針葉樹と広葉樹が入り混じる、今日の道東の森と類似する。

そして最後の植生帯は、古本州島の南岸と古琉球諸島に広がっていた常緑樹・落葉広葉樹からなる植生帯である。

■ LGMにおける日本列島の植生

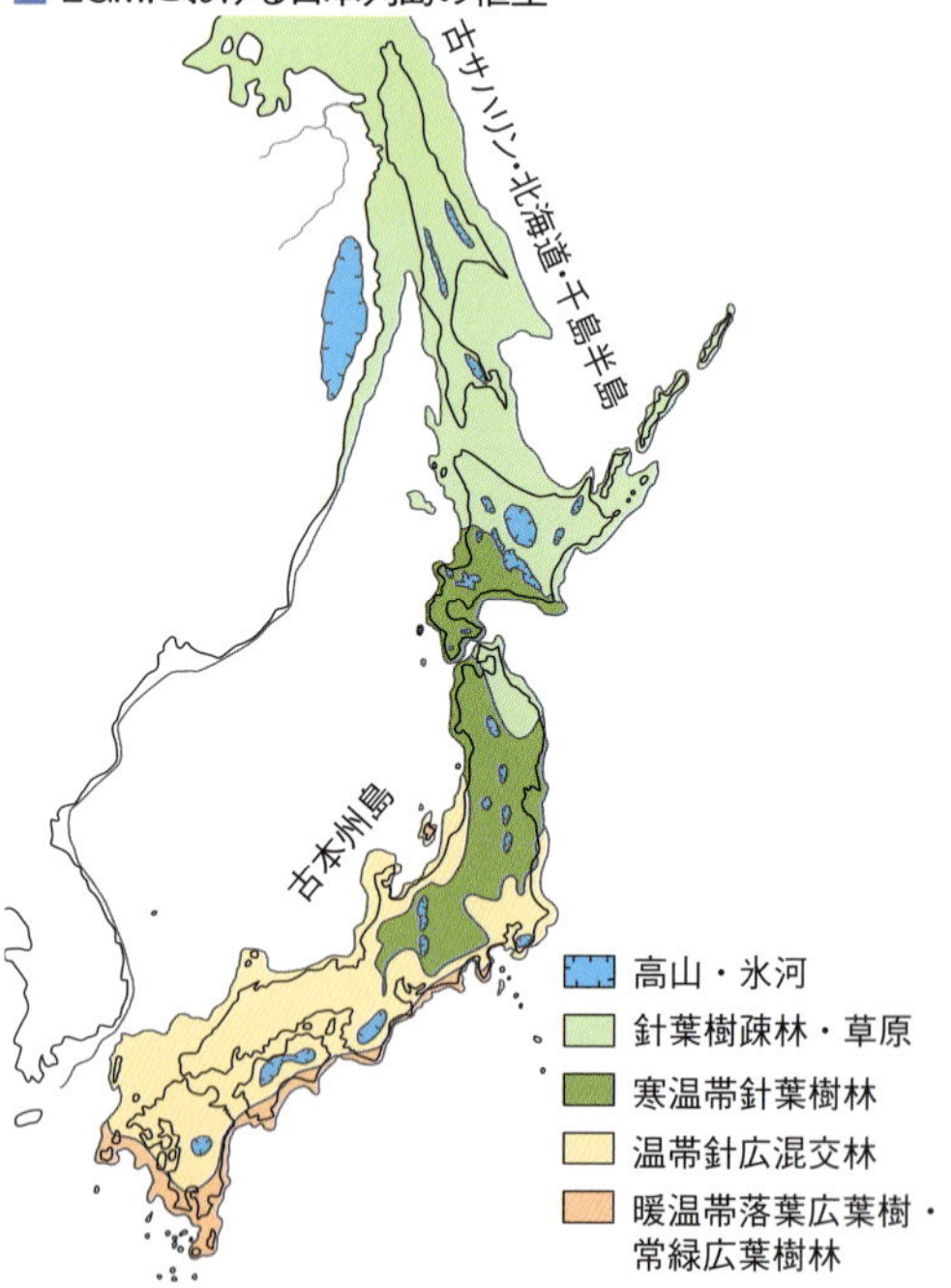

氷期日本列島の大部分は針葉樹が優先しており、南岸に張り付くように分布している暖温帯落葉広葉樹・常緑広葉樹林帯をのぞくと、植物食料の本格的な利用はできなかった。

これら四つの植生帯のうち、前三者にはベリー類などを除いて大量に安定して利用可能な植物食糧資源が乏しかったのに対して、最後の常緑樹・落葉広葉樹帯は、今日の列島を広く覆う温帯森林に類似し、利用可能な堅果《けんか》類などの植物食糧が相対的に豊富であった。こうした環境であったため、列島の旧石器人は、狩猟を生業とするようになった。

LGMは、後期旧石器時代後半期前半に相当するが、同前半期はMIS 3後半の相対的な温暖期に当たるので、LGM期よりは各植生帯が北上していたと推定される。たとえば第一の植生帯である道東のマンモス・ステップはあまり発達せず、寒温帯針葉樹林が卓越して

北海道上川町浮島湿原の風景　針葉樹と草原・湿地が卓越する植生は、氷期の東日本の景観によく似ていたと思われる。

いた可能性が高く、いっぽう第四の植生帯である常緑樹・落葉広葉樹帯は、古本州島西側で拡大傾向をみせていたと思われる。しかし、詳細はよくわかっていない。

ＬＧＭ後の後半期後半も、ＭＩＳ２に相当する（ＬＧＭ-cold２）ため寒冷で、植生はＬＧＭ期とほぼ同じであった。

旧石器時代が終わり縄文時代草創期が栄えた晩氷期は、まだ氷期にあったため、今日のような温帯森林から成る植生に交代するのは、完新世初頭の縄文時代早期の初めとなる。植生の内容と変化は、それに支えられていた動物群組成を決める重要なファクターであった。

氷期の動物相と資源利用

古琉球諸島を除く氷期の列島の動物相は、ふたつの動物群から構成されていた。ひとつはマンモス動物群である。シベリアに故地をもつマンモス動物群は、マンモスゾウ・ケサイ・ステップバイソン・ヘラジカ・オオツノシカ・ヒグマなどの大型動物、トナカイ・アカシカ・オオカミのような中型動物とキツネ・ノウサギのような小型動物から構成されており、すべてではないが、多くの種が、六～五万年前の古北海道半島に広く棲《す》みつきはじめた。この時期はＭＩＳ ３前半の寒冷期にあたり、シベリアの酷寒を避けてマンモス動物群の一部が南下したものと考えられている。

その後、古北海道半島は寒温帯針葉樹林が発達する一時的な温暖期（四～三万年前）になり、もうひとつの動物群であるナウマンゾウ動物群が古本州島から北上するが、ＬＧＭの最寒冷期を迎えると、ふたたび古北海道半島はマンモス・ステップに適合したマンモス動物群に交代することになった。

マンモス動物群が北方系であるとすると、古本州島には朝鮮半島を経由して南方系のナウマンゾウ動物群が広がっていた。ナウマンゾウ動物群は中国北部を故地としたため、マンモス動物群の一部と種が共通するが、ナウマンゾウ・オオツノシカ・ヒグマのような大型動物、ニホンジカ・ツキノワグマ・イノシシなどの中型動物と、アナグマ・タヌキ・キツネ・ニホンザル・ノウサギなどの小型動物から構成されていた。

ナウマンゾウ動物群が古本州島に拡散するには朝鮮海峡の陸化が必要なため、少な

マンモスの骨でつくった住居（建物は復元、材料は本物） 実物の住居は、直径５メートルくらいの円形か楕円形。木で枠がつくられ、毛皮で覆ったその上に、骨が重しとして置かれたと考えられている。住居の中に置かれているのは、マンモスの下顎の骨。約1.8万年前。ウクライナ、メジリチ遺跡。

氷期の大型動物（マンモス動物群）　ケサイ（左）とマンモス（右）　現在のサイやゾウよりも大型で、化石の証拠から、古北海道半島に生息していたと考えられる。

くとも三二万年前（一二万年前とする研究者もいる）の最後の陸橋形成期までに拡散したと考えられている。

　これら二つの動物群は、氷期のはげしい寒暖の振幅に合わせて南北移動を繰り返していたようで、ＬＧＭのような寒冷期には、マンモス動物群の一部（とくに大型動物）が、当時津軽海峡に一時的に形成されていたと推定されている氷橋（氷の橋）を介して古本州島北部にまで分布を広げたことが、青森県＊尻労《しつかり》安部《あべ》洞窟遺跡などで確認されている。

　氷期の短周期気候変動を、動物は移動によって回避できたが、植物はそうはいかない。もともと列島の植生には有用食糧資源になりうる植物が少ないのに加えて、はげしい気候変動によって植物資源を利用するための＊予測可能性はいちじるしく低かったと考えられる。そのため列島の旧石器人は、生業の柱を動物狩猟に据《す》えていた。とくに狩猟に成功すれば、

＊尻労安部洞窟遺跡　青森県下北半島の北端に所在。慶應義塾大学によって発掘調査がおこなわれており、旧石器時代の遺跡としては珍しく、ウサギ・ヒグマ・ヘラジカなどの動物骨と台形様石器や切出形石器などの石器がいっしょに出土した。24ページの写真参照。

＊予測可能性　将来の計画的な利用を予測して準備すること。

多くの肉や毛皮を獲得できる大型獣狩猟は、魅力的であったに違いない。

　旧石器時代前半期の人びとは、草原に棲息する大型哺乳類の狩猟に強く適応し、そのため広域を移動する狩猟民であった。広域移動戦略を採用することは、定着型の資源開発である植物食糧の利用とは相反した。

　ちなみに、縄文時代以降に発達する漁撈《ぎょろう》も、定着的な生業である。しかも今日海洋水産資源の多くを生産している浅海域（大陸棚《たいりくだな》）や干潟《ひがた》などは、氷期は陸であったため、*海洋バイオマスは低かったであろう。

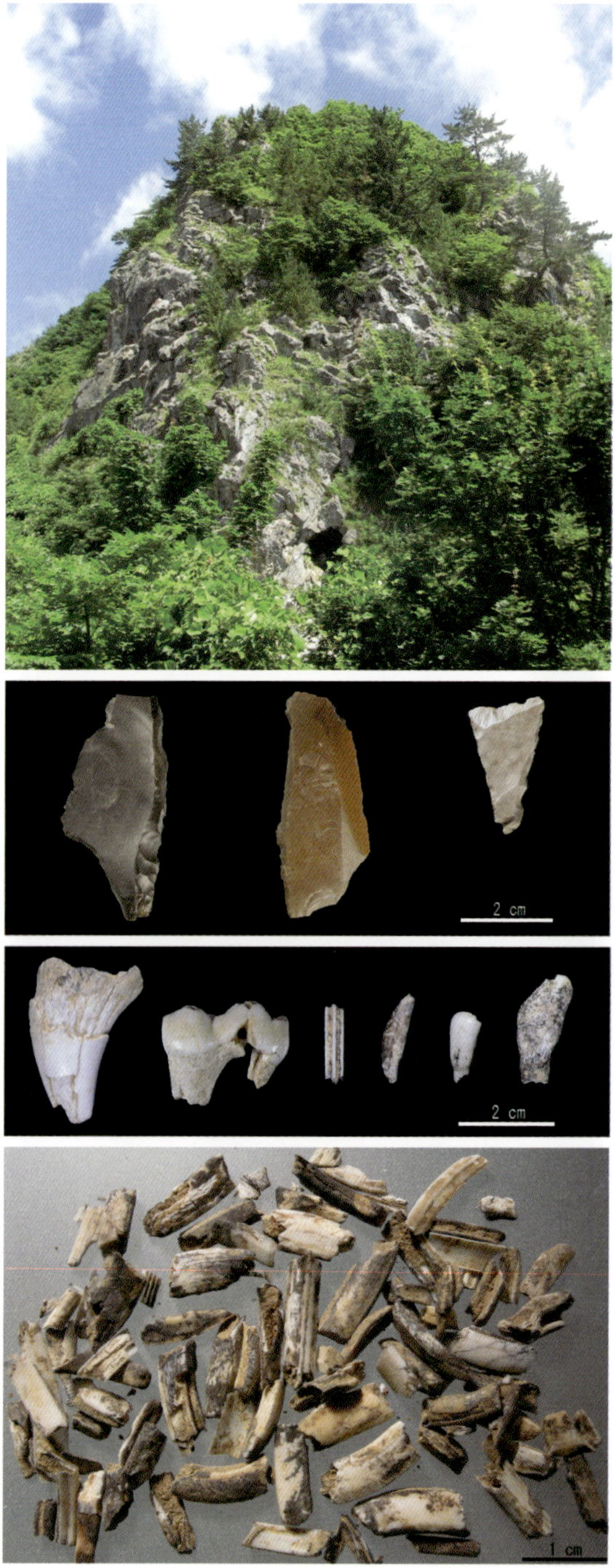

尻労安部洞窟遺跡の近景と出土した動物の骨　慶應義塾大学の発掘調査で、少量の石器(二段目)が発見されている。ウサギ(最下段)・ヒグマ・ヘラジカ(三段目)の歯。

このような資源環境の構造からみると、列島旧石器人の生業は、もっぱら狩猟にあったと考えることができる。実際に旧石器時代の道具である石器の大部分は、狩猟具か動物の解体処理具であったことが、考古学的証拠から明らかである。

二つの動物群中のゾウや大型のシカ、ウシなどの大型動物は、古本州島ではLGM期の二・五万年前までに、古北海道半島でも二万年前までに絶滅した。大型動物のほとんどが絶滅したあとに残された動物相が、今日の列島（古琉球諸島を除く）の動物相を構成している。

大型動物絶滅後、古本州島では中小型動物狩猟に移行したため、それまで広域にわたって同じような種類の石器が使用されてきたが、地域によって異なる石器が使われるようになった。その結果、地域社会の形成が進行した。いっぽう古北海道半島では、全道を単位としながらも、異なる種類の石器群が同時に存在することになった。その具体的な様相については、のちほど三八ページ以下でくわしくみてみたい。

自然資源の利用をもっぱらとしていた先史時代の人びとにとってもっとも肝要なことは、利用する資源を効果的に、永続的に獲得できることにある。将来獲得できる資源の予測可能性が高いほど資源としてのランクが高く、そのための技術や行動を組み立てねばならなかった。植物資源の獲得予測可能性よりも動物資源の獲得予測可能性がはるかに高かった旧石器時代の列島では、生活の仕組みは狩猟を中心に組織されており、社会や集団の構成は、いかにして狩猟を成功させるかといった目的に合わせて編成されていた。

きびしい規則から成る集団組織が恒常的に編成されていたことは、やがて日本社会の構成原理へと発展したに違いない。

＊海洋バイオマス　生態系のある範囲に生息する全生物が生み出した生産量の全体をバイオマスと呼ぶ。ここでは海洋生態系の全生物生産量を指している。

現生人類のアジア拡散と列島への三つの渡来ルート

人類進化と現生人類の出現

人類の誕生は、七〇〇万年前ごろのアフリカと考えられている。アルディピテクス*やアウストラロピテクス*のような初期の猿人は、五〇〇万年もの長期にわたりアフリカの地に留まっていたが、ハビリス*などの初期ホモ属（原人）が登場した二五〇万年前になると、最古の人工石器が使用されるようになった。

最古の石器であるオルドワン*は単純な礫器《れきき》と剥片石器《はくへんせっき》からなる石器群であるが、その後、南および東アフリカでは、前期アシューリアン*のハンドアックス*石器群が出現した。この前期アシューリアンは、礫や大型の剥片を素材として、表裏両面に粗《あら》い剥離《はくり》を加えた両面加工の石器（両面体）から成る。

二〇〇～一八〇万年前になると、ジョージアのドマニシ*遺跡や中国北部の泥河湾《でいがわん》*遺跡群で、オルドワンないしその類似石器群（小型剥片石器群）が発見されているので、人類はこのころはじめてユーラシアに拡散したと考えられている（第一次出アフリカ）。

最近マレーシアのブーキット・ブヌ*遺跡（一八三万年前）から、粗雑な加工のハンドアックスが発見されたので、早くもこの時期に前期アシューリアンがユーラシアに広がった可能

*アルディピテクス　六〇〇～四〇〇万年前のアフリカに生息していた初期人類の属のひとつ。97ページの図参照。

*アウストラロピテクス　四〇〇～一五〇万年前のアフリカに生息していた初期人類の属のひとつ。97ページの図参照。

*ハビリス　二五〇万年前にアフリカに出現した最初のホモ属（原人）。最古の人工石器（オルドワン）を生み出し、考古学的遺跡を作り出したと考えられている。97ページの図参照。

*オルドワン　単純な礫器と石核・剥片類からなる石器群で、人類が生み出した最古の石器（前期旧石器時代）と考えられている。のちに人類がアフリカから外に進出したのにともない、アフリカ以外の

前期アシューリアンのハンドアックス（マレーシア、ブーキット・ブヌ遺跡）　写真の中央にある焦げ茶色の塊が、スエバイト中に捕獲されたハンドアックス。

前期アシューリアンのハンドアックス（シリア、ラタムネ遺跡）　全体の加工は粗く、先端を尖らせたピックと呼ばれるハンドアックスが特徴となっている。

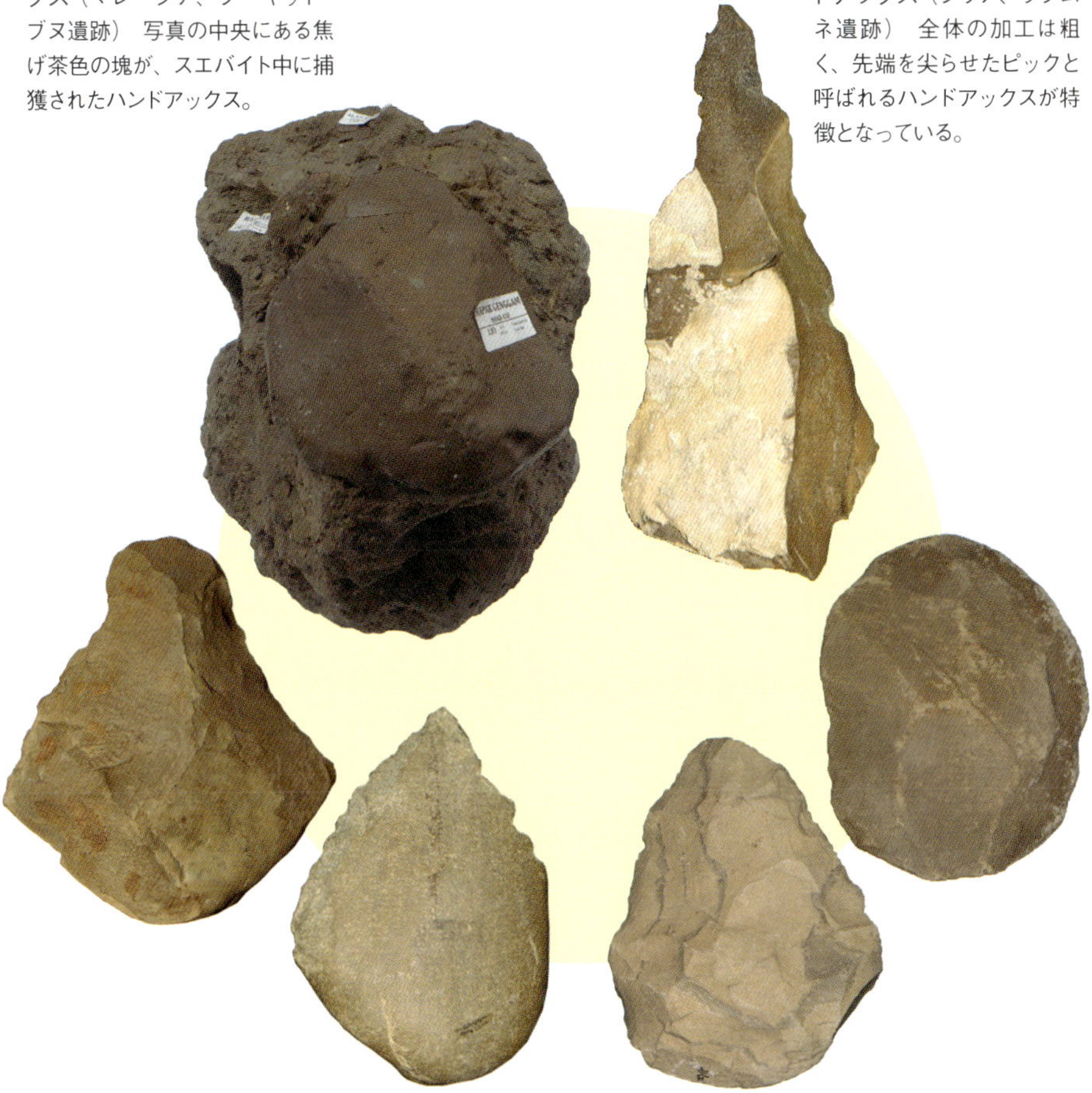

東アジア型ハンドアックス（左：南中国、百色遺跡　右：韓国、雲井遺跡）。後期アシューリアンのハンドアックスにくらべて、加工が先端に集中し、基部側はほとんど加工がされていないのが特徴。

後期アシューリアンのハンドアックス（イラク、バルダ・バルカ遺跡）　加工が前面におよび、全体的に均整がとれた形を成している。

地域でも見られるようになる。97ページの写真参照

＊アシューリアン　二〇〇～一九〇万年前のアフリカで出現した、ハンドアックスと剥片類からなる前期旧石器時代の石器群。前期と後期に分かれ、前期はホモ・エレクトスが生み出したが、後期はより進化した別のホモ属が生み出したと考えられている。いずれものちにアフリカ以外のユーラシアに広がった。

＊ハンドアックス石器群　両面加工の礫器の一種で、先端を尖らせる（ハンドアックス、ピック）か扁平（クリーバー）なまま残し、刃部とした。前期旧石器時代に開始されたが、一部はのちの時代まで残っている。

＊ドマニシ遺跡　カフカス地方のジョージアで発見された

■初期人類の第一次出アフリカ　(海部陽介『人類がたどってきた道』より)

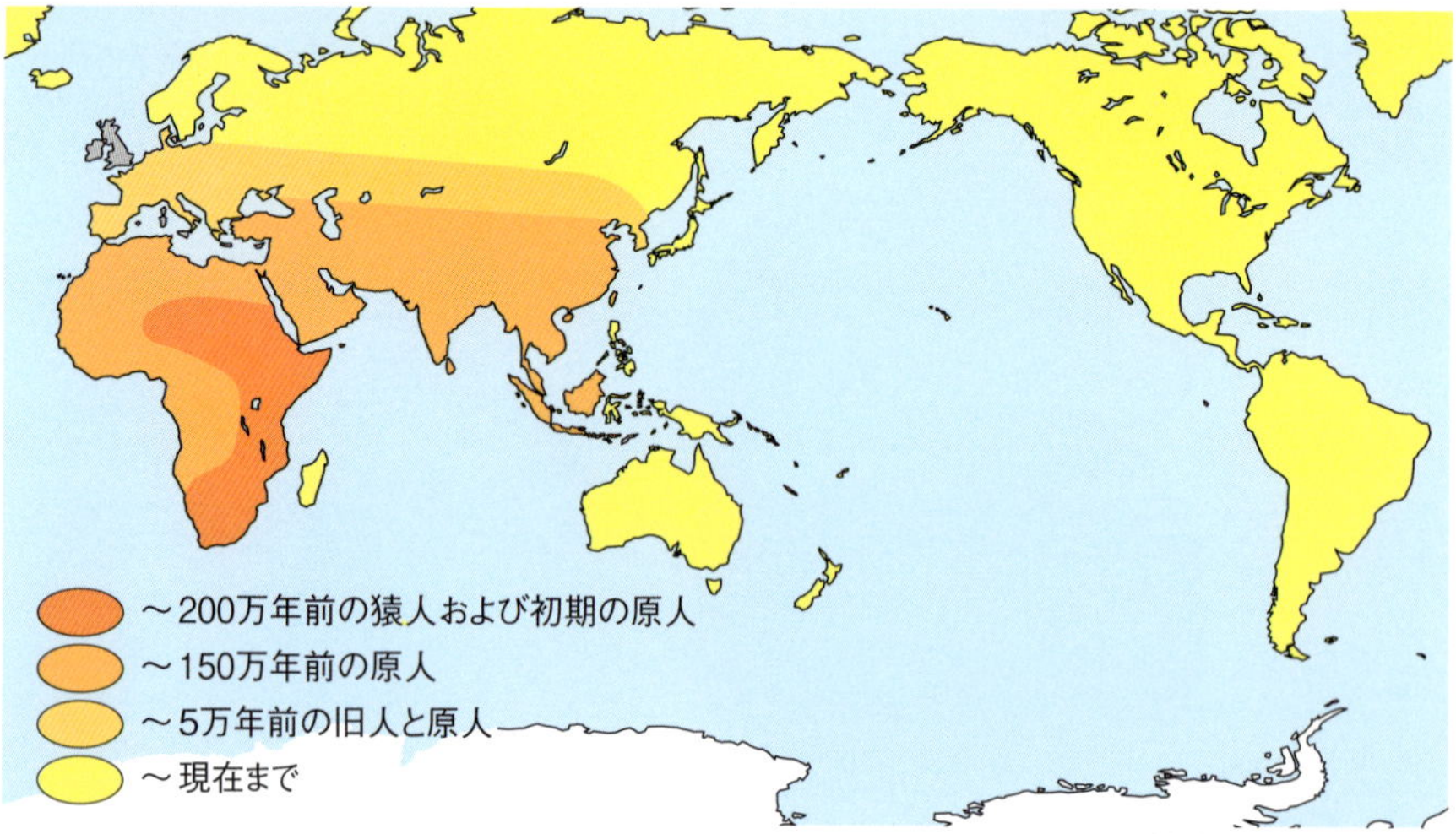

(海部陽介 2005 より)

200 万年前ごろにアフリカを脱した人類が日本に到達するには 200 万年近くの時間がかかっている。人類はまず故郷のアフリカの環境に近い熱帯や温帯に分布を広げたが、酷寒のシベリアに適応するには相当の時間が必要であった。

性が生じた。原人による最初のユーラシア拡散は単純ではなかったようである。

オルドワンないし前期アシューリアンは、シベリアなどの北方域を除くユーラシア全域に拡散したが、五〇万年前ごろになって新しく出現した後期アシューリアンは、ユーラシアの西側に分布が偏り、東側には拡散しなかった。そのかわりに東側には東アジア型ハンドアックス石器群と礫器・剥片石器群が広がった。

後期アシューリアンは、洋梨形や楕円形の両面体全面をていねいに加工して優美に作り上げられるが、東アジア型ハンドアックス石器群は、前期ア

前期旧石器時代の遺跡。原人の化石人骨とオルドワンからなる石器が発見されている。

＊泥河湾遺跡群　中国河北省で発見された前期旧石器時代の遺跡群で、石器は小型の各種剥片石器からなる。古い湖の湖岸に形成されており、地層の堆積がよくわかる。

＊ブーキット・ブヌ遺跡　マレーシア半島北部のレンゴン地域にある前期旧石器時代の遺跡。彗星が地表に接近した際にできたクレーター内部にあり、接近時に形成されたスエバイトという特殊な岩石の中に、ハンドアックスが閉じ込められている状態で発見された。27ページの写真参照。

■ 前期旧石器時代後半に見られる東西世界

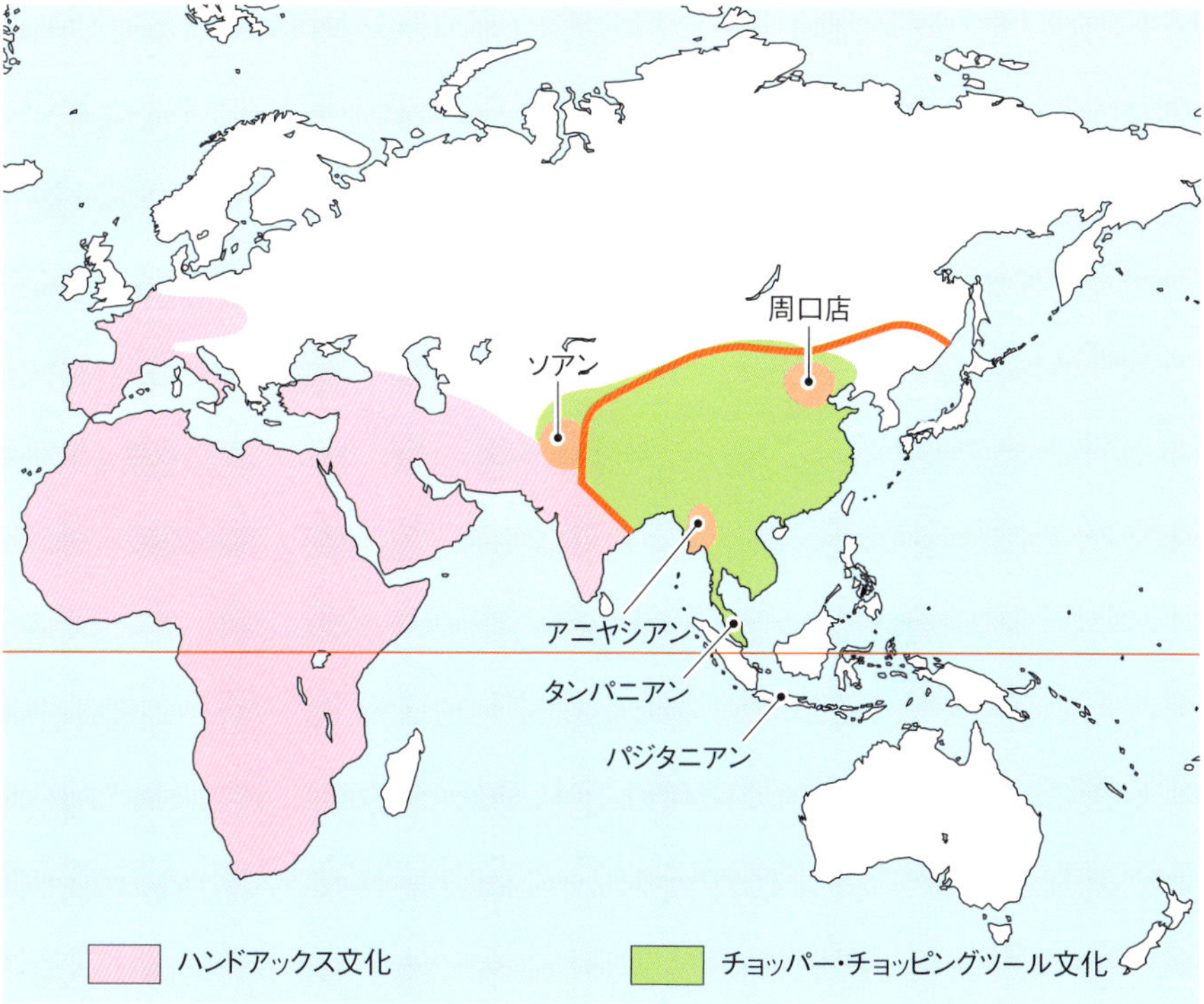

モヴィウスが最初に提案した前期旧石器時代の東西世界と今日認められるモヴィウス・ライン。米国の考古学者モヴィウスは、ユーラシアの前期旧石器時代が西のハンドアックス文化圏と東のチョッパー・チョッピング・ツール文化圏の二つに別れると考えた。この境界はモヴィウス・ライン（赤線）と今日呼ばれている。

パジタニアン　インドネシア出土のパジタニアン（先端部を中心に加工が施されたチョッパー）の礫器。前期旧石器時代とされているが、詳しい年代は不明。

シューリアンの特徴をそのまま残し、先端の刃部《じんぶ》付近のみを加工して、基部は元の礫面のままの状態を保っている。それにチョッパーと呼ばれる片面加工の礫器と剥片石器がともなう。

前期旧石器時代後半に誕生した、このユーラシアを東西に二分する地域差の境界はモヴィウス・ラインと呼ばれ、以降今日まで続くユーラシアの東西世界を形成する先駆けとなった。

現生人類の出現と拡散

現生人類ホモ・サピエンスの出現も、アフリカにある。人類進化の研究は急速に発展しており、数年で大きく前進することが多いため、ここでは、現在の研究成果に基づいて説明したい。

最近モロッコで発見された最古の現生人類（解剖学的現生人類）*化石は三〇万年前に遡るが、この時期はネアンデルタール人（ヨーロッパと西アジアの旧人）がホモ・ハイデルベルゲンシス（旧人）から分岐《ぶんき》した年代に相当するので、両者はほぼ同時に分岐・出現したと考えられる。その後現生人類は一定期間アフリカにいたあと、ユーラシアへの拡散を開始した（第二次出アフリカ）。

この拡散の時期とプロセスについては、現在、世界の旧石器時代研究の主要課題のひとつとなっており、議論が盛んに行なわれている最中である。

これまでの定説は、主として遺伝人類学から提出されたものである。それによれば、六万年前ごろにアフリカを脱した現生人類は、西アジア・中央アジアを経て、ひとつはチベット高原を北に迂回し、南シベリアからモンゴル・中国北部を経由して東アジアに（北回りルー

＊解剖学的現生人類　初期の現生人類は、化石人骨の形質的特徴からホモ・サピエンスに分類されるが、使用していた石器の製作技術や行動様式はまだ現生人類的ではない。つまり現生人類化は形質からはじまり、行動上の進化はそれに続くことになる。

ト）、もうひとつは、チベットを南に迂回してインドから東南アジアを経由して東アジアおよびオーストラリアに拡散した（南回りルート）という説（どちらも五〜四万年前に到達）である。

この説は最近まで有力視されていたが、最近、より古い考古学的証拠*が発見されたため、考古学側から強い反論（早期拡散説）が提出されている。

■現生人類の第二次出アフリカ　（海部陽介『日本人はどこから来たのか?』より）

30万年前ごろにアフリカで誕生したホモ・サピエンスは、15万年前以降に西アジアに進出し、その後ヒマラヤの北側と南側を経由して、4万年前ごろ（それ以前の可能性もある）に日本列島に到達した。

現生人類の二つの拡散ルートについて異論はないが、問題はそれが開始された時期にある。

これまでの定説は後期拡散説（六万年前以降）と呼ばれるが、早期拡散（六万年前以前）の可能性が主張されだした。その説によれば、南回りルートは北回りルートよりも古くから拡散が開始されていた可能性が生じることになる。

ネアンデルタール人に代表される旧人や現生人類は、それまでの原人が開発できなかったユーラシア北方の寒冷地帯への拡散に成功した。

＊より古い考古学的証拠　最近、北オーストラリアで六万年前に遡る洞窟遺跡が発見され、炉跡や局部磨製石斧（84ページの写真参照）が出土した。オーストラリアには現生人類以前の人類は拡散しなかったと考えられているため、より古い現生人類の居住の痕跡として注目されている。

彼らは北方に多く棲息する大型哺乳類を狩猟対象に選択しており、とくに現生人類は衣服や住居、火の本格的利用を開始して適応を果たすことができた。アメリカ大陸への人類の拡散は、北方適応を果たした現生人類が、陸化した酷寒のベーリング海（ベーリンジア）を通過できた氷期末期以降のこととなる。

ただし本稿では、三・八万年前に開始される列島の後期旧石器文化を主として扱うため、ここではこの議論に深入りしないことにする。

日本列島への現生人類拡散ルート

前述したように、列島の旧石器時代の地理的単位は三つであり、これらが文化的単位の基層を形成したので、これら単位ごとに現生人類のアジア大陸からの拡散ルートについて検討する。

古北海道半島は、陸でアジア大陸につながっていたため、大陸からの人の移動は比較的容易であった。現在報告されている最古の遺跡年代は、千歳市*祝梅《しゅくばい》遺跡三角山《さんかくやま》地点の二・九万年前となる。古北海道半島の旧石器文化については、のちに三八ページ以下で述べるが、この遺跡は、古本州島北部で発達していた*台形様石器石器群と関連するので、遺跡を形成した集団は、南方から半島に進出した。この南方系石器群は、二・五万年前に突然北方系の細石刃石器群と交代するので、この時期にシベリアなどの大陸から人類が流入したと考えられる。

古本州島では、複数の遺跡から最古段階の年代測定値が報告されており、いずれも三・八万年前となる。三八ページ以降で述べるように、この時期に古北海道半島経由での大陸か

*祝梅遺跡　北海道千歳市にある後期旧石器時代の遺跡。埋没古砂丘上に立地し、三角山地点からは古本州島系の台形様石器石器群が出土した。

*台形様石器石器群　台形またはペン先状の形をした小型の狩猟具。くわしくは55p以下で説明する。

らの人の移動は考えられないので、現生人類の流入ルートは朝鮮半島となろう。当時朝鮮半島周辺の海域も陸化しており、渤海《ぼっかい》や黄海《こうかい》は陸で、東シナ海の済州島《さいしゅうとう》付近まで大陸が拡大していた。そのため朝鮮半島は、当時アジア大陸の東海岸の一部であった。

しかしながら、古本州島とのあいだでもっとも陸域が近接していたのは今日の朝鮮海峡付近であった（幅一五〜二〇キロメートル程度と推定）から、このあいだをなんらかの手段で海洋渡航して列島に渡ったはずである。旧石器時代の海洋渡航技術については、遺跡などから直接的証拠（舟などの遺存物）は得られていないので、具体的にはよくわからないが、獲得には黒潮を渡る外洋渡航が必須の伊豆・神津島《こうづしま》産黒曜石《こくようせき》が、同じ時期から古本州島で盛んに利用された証拠があり、十分可能であったと考えられる。

古琉球諸島では、沖縄県*山下町第一洞穴《やましたちょうだいいちどうけつ》遺跡から三・五万年前の年代測定値が報告されている。この遺跡は正式報告がないため、詳細は不明であるが、石垣市*白保《しらほ》竿根《さおね》田《た》原洞穴《ばるどうけつ》遺跡から出土した化石人骨（七〇ページ）から二・八万年前の測定年代が報告されているので、この時期には、現生人類集団が海洋渡航して古琉球諸島に拡散したと考えられる。おそらく当時は、大陸の一部であった台湾など南方からの拡散であろう。

以上のことから、現生人類の列島への拡散は三つのルートともに利用されたといえるが、もっとも古いのは朝鮮半島ルートとなる。朝鮮半島（韓国）には前期・中期旧石器時代の遺跡が数多くあることも、この推定を支持しよう。

＊山下町第一洞穴遺跡　沖縄県那覇市にある後期旧石器時代の洞穴遺跡。炉跡と磨石などが発見されており、炉跡から得られた炭化物による年代測定の結果、沖縄最古の遺跡である可能性が高いことがわかった。

＊白保竿根田原洞穴遺跡　沖縄県石垣市にある、後期旧石器時代から近世にかけての洞穴遺跡。新石垣空港の敷地内にあり、陥没した鍾乳洞の中に作られた。とくに旧石器時代の層からは、少なくとも一九個体以上の化石人骨が出土しており、洞穴全体が墓地として使用されたと考えられている。

石器製作技法

石器製作にはさまざまな技術が駆使された。ハンマーを素材に直接打撃する直接打法がもっともオーソドックス。民族誌から間接打法という方法も知られるが、パンチの出土例がないため、その存在は証明できない。押圧剥離は旧石器時代の終末期に出現した発達した製作技法で、薄く奥行きのある剥離が可能。写真は、模式的に再現。

直接打法
石や角・木などのハンマーを石材に直接打撃して、剥片剥離を行う方法。

間接打法
パンチ（たがね）を用いて間接的に剥離を行う方法。旧石器時代に存在していたか不明。

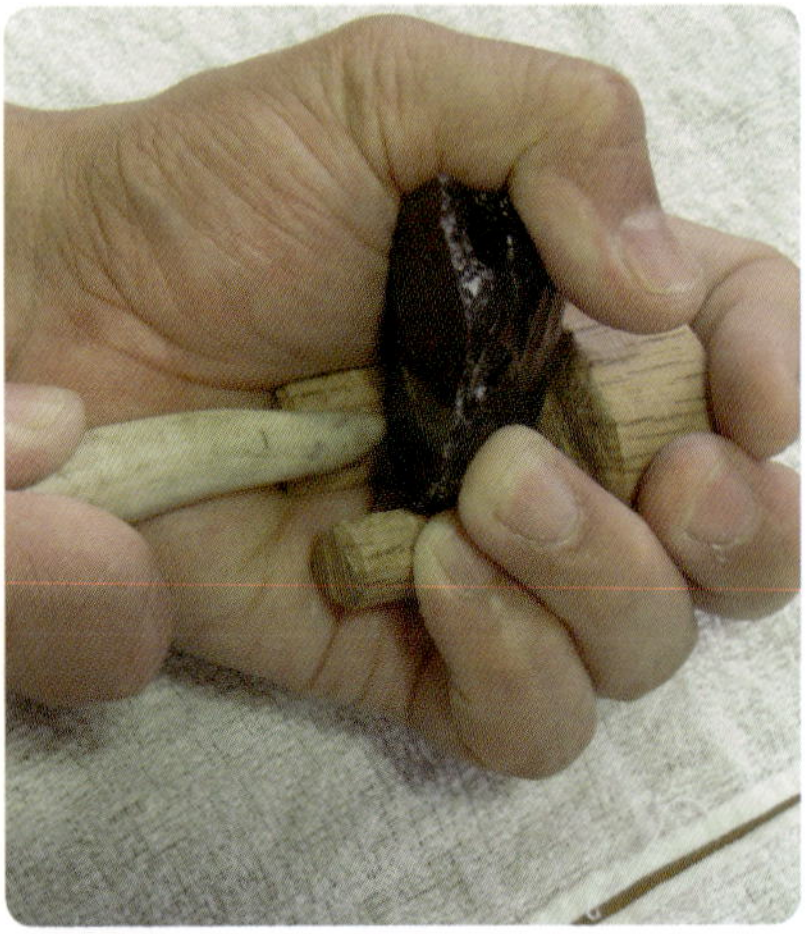

押圧剥離法
石材に圧力をかけ、剥片を押し剥がす方法。細石刃剥離はこの方法を用いたといわれる。

旧石器時代のハンマーストーン
神奈川県柏ケ谷長ヲサ遺跡から出土した、約2.8万年前のもの。右側が卵大のサイズである。

第二章　日本列島の文化の形成

日本列島の三つの文化圏

三つの日本文化と旧石器時代の文化圏

日本文化には三つの文化圏があり、それぞれ「北の文化」「中の文化」「南の文化」と呼ばれてきた。

「北の文化」は、アイヌ民族が居住していた北海道と東北北部が該当する。本州以南とくらべて相当程度異なる歴史的経過をたどっており、たとえば弥生時代はじめに列島中に広がった水田稲作農耕は東北北部（青森県）を最北端とし、北海道で稲作が本格的に始まるのは近代になってからであった。

北海道ではそののちも狩猟採集社会が継続し、北海道と東北北部は、それ以南とは異なる文化の歩みをみせた。

いっぽう「中の文化」は、今日の本州・四国・九州に広がっており、いわゆる日本文化を代表する各種の文化要素が花開いていた。この地域では古代国家がいち早く成立し、その後の日本の政治的中心として歴史が形成されてきた。とくに近代に明治政府が成立して国民国家の形成が開始されると、「中の文化」が日本文化を代表する存在として、対外的にも国内的にも位置づけられてきた。

「南の文化」は南方の島嶼《とうしょ》文化であり、鹿児島県域の島嶼部と沖縄県が相当する。この地域は、古代から中世初期にかけて農耕が始まり、中世沖縄で琉球《りゅうきゅう》王国が形成されるなど、以北にくらべてかなり異なる歴史的経過をたどっている。

こうした三つの日本文化の存在は、これまでの日本文化論では縄文時代以降に形作られたと考えられてきたが、じつは旧石器時代の三つの地理的単位がその元となっている。

二万年間に及ぶ旧石器時代には、たとえ海洋渡航技術を有していたとしても恒常的な海洋渡航は行われていなかった。なぜなら、旧石器人たちの生業の中心は遊動生活下での動物狩猟であり、貧弱な植物資源や水産資源を定着的に開発する戦略は、非効率的であったからである。

そのため旧石器人は海洋を渡る必要性がほとんどなかった（黒曜石《こくようせき》の獲得などの特殊例を除いて）ので、旧石器時代の三つの文化圏がのちの日本文化圏の基礎を形成することになった。

■日本列島の三つの日本文化

三つの日本文化は、それぞれ別の歴史的経過をたどった。

アムール流域の竪穴住居跡　アムール下流域では、現在もくぼみで残る竪穴住居跡がたくさん見られる。これは北海道東部の海岸部とよく共通する特徴となっている。

古北海道半島の旧石器文化

後期旧石器時代前半期（三・五〜二・五万年前）

大陸と陸でつながっていた古北海道半島の旧石器文化は、当然のことながら大陸系の文化の影響を強く受けてきた。

古北海道半島の旧石器文化は、南方系の台形様石器石器群の登場から開始された。台形様石器は、近年の実験考古学の成果から、小型狩猟具であり、ダーツまたは弓矢として使用されていたと考えられている。

前述したように、既存の年代測定値では、千歳市祝梅遺跡三角山地点の二・九万年前が最古であるが、集団の故地である古本州島の台形様石器石器群の存続年代が三・八万年前以降と考えられているので、三万年前以前（おそらく三・五万年前）には古北海道半島に古本州島から現生人類が渡来していた可能性が高い。

この時期になると、一時的な温暖期を迎え、植生は落葉・常緑針葉樹が卓越しており、この環境に適応していた南方系のナウマンゾウ動物群に交代するので、それを狩猟の対象としていた台形様石器集団が北上したと考えられる。

台形様石器石器群に続いて、これも南方（古本州島）系の基部*加工尖頭形石刃石器*《せんとうけいせきじんせっき》群と加

＊基部　次ページの石器の図に見るように、石器の基部にのみ加工がある。これは木などで作られた柄にとりつけるための加工で、槍として使われた。

＊尖頭形石刃石器　先端が鋭く尖った石刃をもちいて基部や側縁に加工を加え、槍の先端として用いられた石器。

＊川西C型石刃石器群　帯広市川西C遺跡出土の石器を標識とする石刃石器群。大型・中型の石刃を分割して側縁に刃部を作り出した削器を主体とする。

＊広郷型尖頭形石器群　北見市広郷8遺跡出土の石器群を標識とする。剥片の片面に平坦剥離を施し、鋭い剥片の一部をそのまま残して刃部に利用した尖頭器を主体とする。

工具が卓越する*川西《かわにし》C型石刃石器群および半島内で形成された*広郷型《ひろさとがた》尖頭形石器群と加工具（掻器《そうき》）主体の*嶋木《しまき》型《がた》石器群などの各種の石刃・剥片《はくへん》石器群が展開した。

後期旧石器時代後半期（二・五〜一万年前）

世界的にMIS3（温暖期）が終わりMIS2（寒冷期）初頭の最終氷期最寒冷期LGMを迎えると、古北海道半島の旧石器文化は劇的に変化する。LGMの影響は北方の古北海道半島ではとくに甚大で、東側ではツンドラ草原や疎林（マンモス・ステップ）が広がり、西側は寒温帯針葉樹林に覆われた。

LGMの酷寒気候の下で新しく出現したマンモス・ステップには、同植生帯によく適応したマンモス動物群が、シベリアなどの大陸から半島をとおって拡大した。南方系の石器

■ 古北海道半島の後期旧石器時代前半期の石器

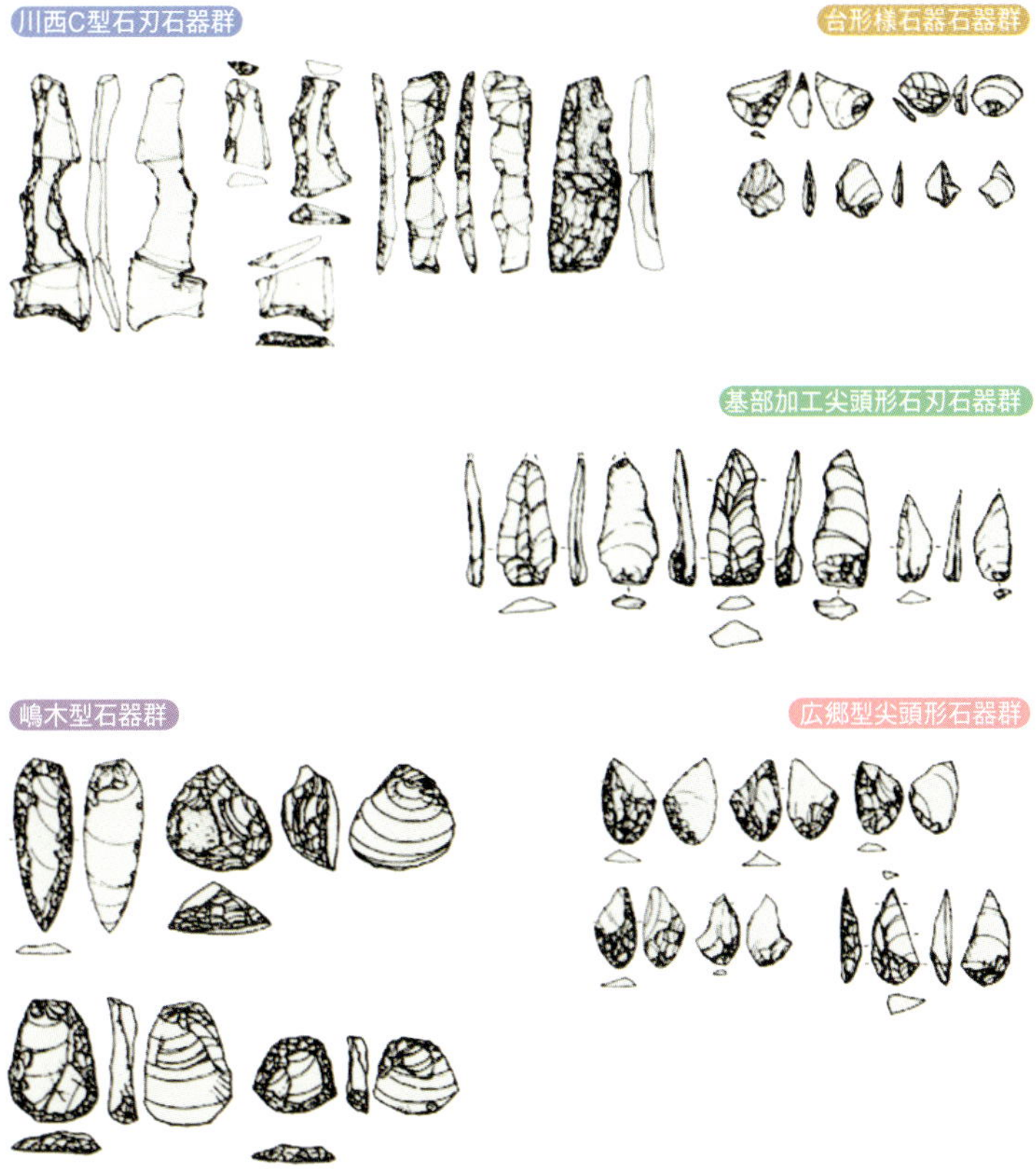

台形様石器石器群が最初で、続いてほかの四つの石器群が展開した。ふたつの尖頭形石器群は狩猟具が主体だが、川西C型と嶋木型のふたつは目立った狩猟具がないので、これらが組み合わさって使用されていた可能性が高い。

群は消え、マンモス動物群を追って大陸から渡来した細石刃石器群《さいせきじん》に交代する（二・五万年前）。以降ＭＩＳ２の期間をつうじて植生環境に大きな変化はなく、大型動物の絶滅（二万年前ごろ）を除いてマンモス動物群が継続した。この石器群の劇的な交代をもって、前半期から後半期への変化とみなされている。

細石刃技術とは、各種の細石刃核から極小の石刃である細石刃（両側縁が並行する幅一センチメートル以下のカミソリの刃のような小型の石刃）を量産し、それを骨・牙《きば》・木製狩猟具本体の両側縁に埋め込み（植刃《しょくじん》）、大型の狩猟具（植刃槍）を生産する技術で、それまでの石刃や剥片のブランク（石器の素材）を加工して狩猟具を作り出す方法よりも、石材消費量がはるかに少なくてすむところに特徴がある。

これまでの方法では、ブランクの大きさが狩猟具先端部の大きさとなるが、狩猟具の大きさは狩猟対象動物の大きさなどによって制限されるので、むやみに小型化することができない。しかしながら細石刃技術の場合は、細石刃を狩猟具の刃部に埋め込むため、狩猟具自体の大きさには規制されないことになる。

石材消費量をきわめて少量にすることは、分布が限られる黒曜石《こくようせき》などの優良石材を石材産地で採取したのち、それを消費しながら離れた地域まで広域を移動できることを意味する。細石刃は、携帯性と融通性に優れた石器であった。

こうした性質は、居住地を頻繁に、あるいは長距離にわたって徒歩で移動する遊動的な生活において、とりわけ有利であった。マンモスや大型のシカといった草原に生息する大型哺乳類は、餌《えさ》となる草を求めて広大な範囲を移動するため、石材消費の節約と大型狩猟具の量

＊嶋木型石器群　北海道上士幌町嶋木遺跡出土の石器を標識とした石器群。剥片素材の掻器を主体とする。

産のどちらにも適応した細石刃技術の採用により、大型哺乳類狩猟を狩猟戦略の柱に据えることが可能となった。大型動物の絶滅は、植刃槍という高度に適応した大型狩猟具の装備・利用と気候温暖化の進行というふたつの要素が複合しておきた出来事であった。

前半期の古北海道半島は相対的に暖かかったため森林環境が卓越していたので、見通しの効きにくい森の中での狩猟には、短距離での狩猟に有効な小型の台形様石器が有利であったが、ＬＧＭに向けてしだいに寒冷になると、大型の基部加工尖頭形石刃・剥片石器が必要と

植刃器（南ロシア、ザバイカル新石器時代）　骨角製の本体に溝が切ってあり、そこに細石刃がはめ込まれているのがよくわかる。

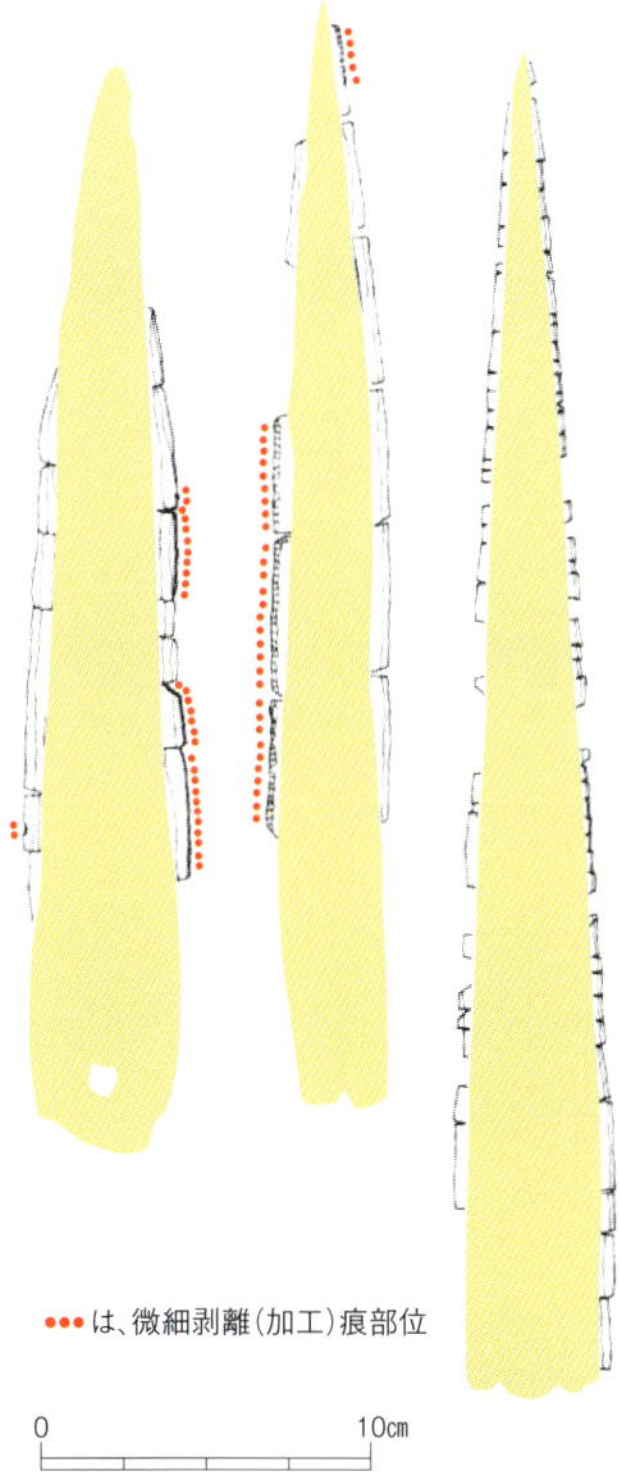

シベリア出土の植刃槍　薄茶色の部分が骨角または木製の槍の本体を示している。

装飾のある植刃器　折れた植刃槍を装飾品として使用したもの。単純な線で、模様をつけている。南ロシア、ヴェルホレンスク山遺跡。

■ 石材重量当たりの有効刃部の生産量の比較　（堤隆『氷河期を生き抜いた狩人』より）

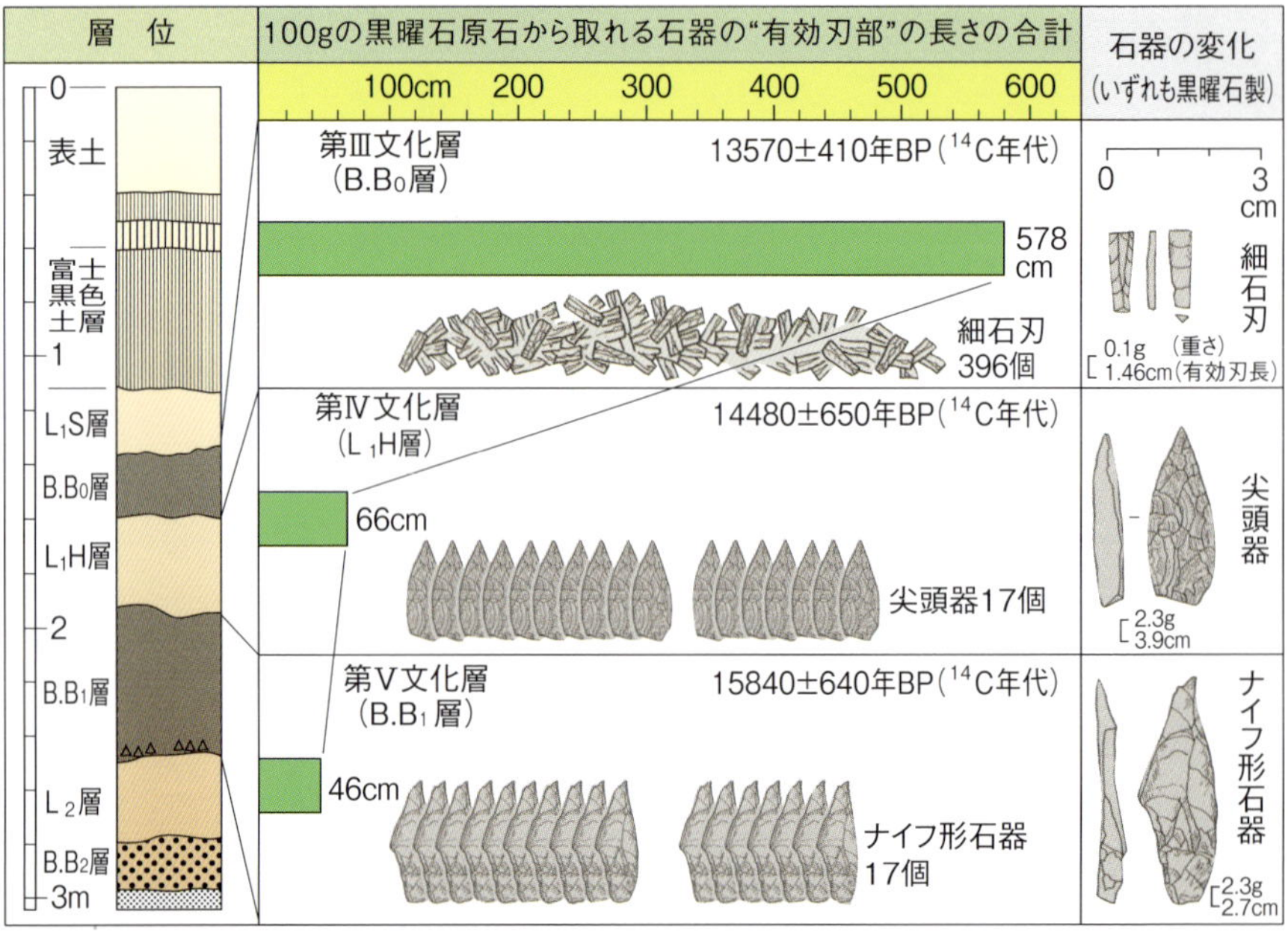

この図は関東地方南部の相模野台地の例だが、細石刃生産の有効性をよく示している。ナイフ形石器は、側縁加工尖頭形石刃石器のこと。（堤隆『氷河期を生き抜いた狩人』より）

なった。

さらに後半期になると、草原や疎林といった開けた空間が卓越するように環境が変化したため、狩猟には、遠距離からの投擲《とうてき》に有利な投げ槍としての植刃槍が必要とされたのである。

いっぽう古本州島以南では、基本的に森林環境が継続したので、大型狩猟具としての石刃製の尖頭形石器とともに、小型狩猟具としての台形様石器や切出形《きりだしがた》石器といった各種の小型剥片石器の両者がともに必要とされた（二極構造）。

黒曜石の利用

旧石器時代をつうじて古北海道半島では、黒曜石が利用石材の主体を占めた。黒曜石は火山噴火にともない噴出したマグマや溶岩・火砕流《かさいりゅう》・火道*などの表層が急速に冷却された際に生成した火山ガラスの一種であるため、その原産地は、オセアニア・東南アジア・西アジア・東ヨーロッパ・北アメリカ西部のような、地殻プレート境界付近の火山帯に、産地が多く見られる。

火山噴火は地殻下でつねに流動しているマグマが一時に噴出する現象なので、火山ごとあるいは噴火ごとにマグマ成分の微妙な差異が形成されるため、生成される黒曜石の鉱物組成や化学成分組成は、原則として異なる。

黒曜石の岩体はきわめて均質のため、正確な元素の化学組成を計測することができれば、堆積岩や変成岩といったほかの石器石材とは異なり、産地同定の確実性は格段に高い。

日本列島は黒曜石産出の中心地のひとつであり、大小含めて八〇か所以上の地質学的産地が現在確認されている。古北海道半島には二一か所の地質学的な黒曜石産地があり、このうち旧石器時代に利用された産地は八か所である。白滝《しらたき》・置戸《おけと》・十勝《とかち》・赤井川《あかいがわ》の四つの大規模産地（旧火山の火口部付近）と、ケショマップ・名寄《なよろ》・近文台《ちかぶみだい》・豊泉《とよいずみ》の小規模産地である。大規模産地周辺の地域では、各時期をつうじて、すぐ近くにある大規模産地産黒曜石をもっともよく利用する。いっぽう石狩低地帯や上川盆地など大規模産地が近辺にない地域での産地構成は、時期や石器群によって多様かつ個性的である。

＊火道　噴火の際、溶岩が上昇する裂け目のこと。

白滝・十勝・置戸・赤井川という四つの大規模産地の黒曜石は、白滝・十勝が後期旧石器時代前半期から広域に分布が及ぶのに対して、置戸・赤井川は、前半期は産地付近の地域に利用が限定され、同後半期になって広域での分布が確認されるが、その絶対量は相対的に少ない。置戸産と赤井川産は、互いに補い合って利用された可能性が高い。後半期になると黒曜石の遠距離運搬が顕著になり、三八〇キロメートル離れたサハリン南部にあるソコル遺跡などの＊札滑型《さつこつがた》細石刃石器群では、白滝産黒曜石が利用されている。

前期前葉細石刃石器群期（二一・五〜二一・一万年前）

古北海道半島に最初に登場した細石刃石器群は、＊蘭越《らんこし》型・＊峠下《とうげした》型一類・＊美利河《びりか》型の各細石刃石器群である。両面体の原形から削片《さくへん》を剥離することによって細石刃を剥離するための打面を作り出すという特徴を有するため、蘭越型と美利河型は広義の湧別《ゆうべつ》技法に属するが、剝片・石刃をブランクに用いる峠下型一類は、非湧別技法と考えられている。このうち蘭越型と峠下型一類は大陸に類例があるが、美利河型は大陸には認められない。

大陸における蘭越型の分布は限られるが、峠下型は広く

■ 北海道の黒曜石産地と遺跡の分布

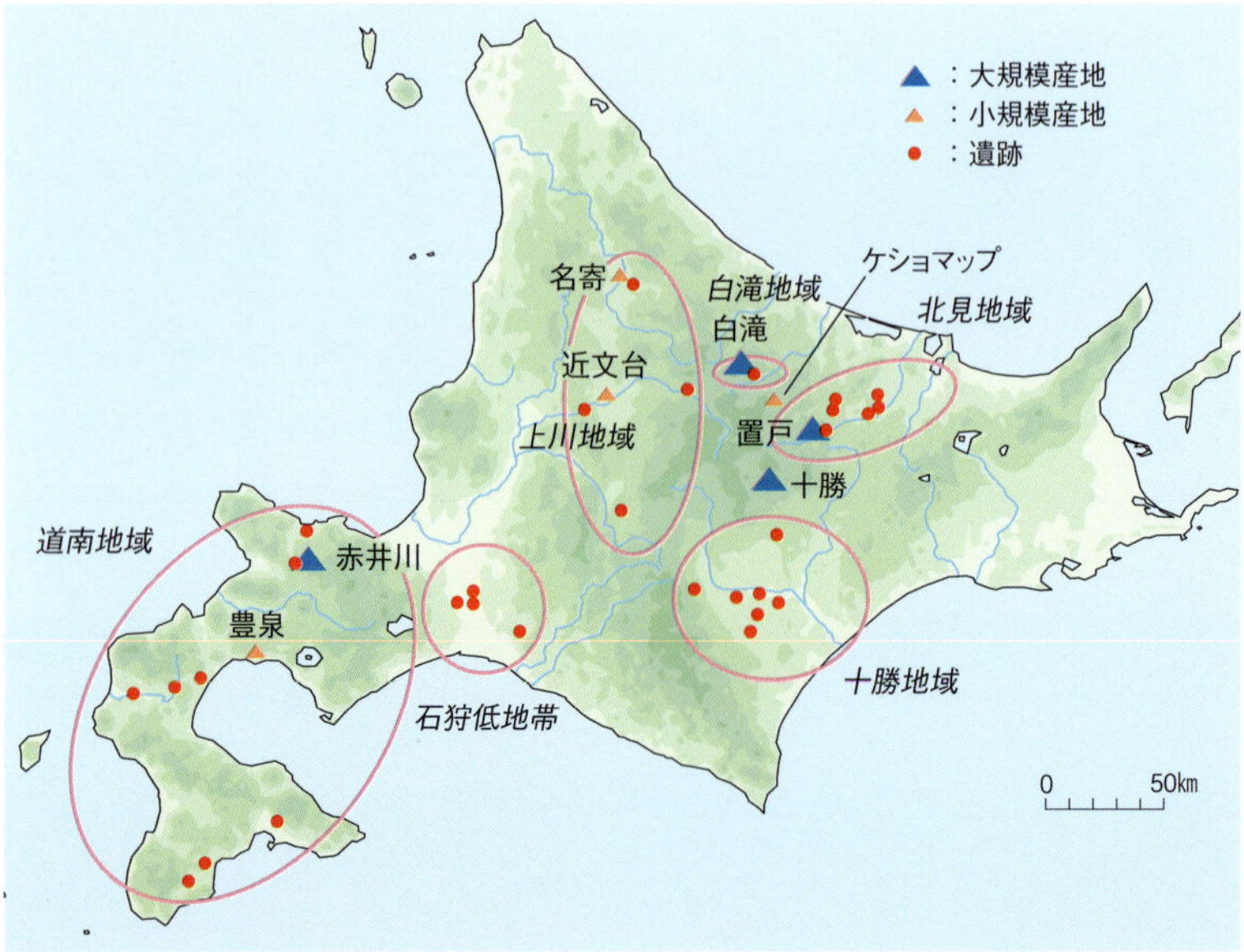

先史時代をつうじて四つの大規模産地は変わらないが、縄文時代になると、より多くの小規模な黒曜石産地が利用された。

分布するため、これらを保有した集団が古北海道半島に流入したものと考えられる。いずれも古本州島には分布しないので、津軽海峡を超えることはなかった。

遺跡数は少ないが、いずれの石器群も全道的な分布が確認できる。全道的な分布という特徴は、北海道の細石刃石器群すべてに共通する。古本州島以南の地域では、通常、各地の石器群は地理的、時間的単位で分布を違えるのが普通だが、北海道では同時期に同じような分布範囲を示して石器群が同時存在する。

この理由はよくわかっていないが、おそらく石器群ごとに資源環境への対応方法（石材利用や居住・行動戦略など）に違いがあることに起因していると推測される。いずれの石器群も広域移動戦略を維持していたため、地域的な住み分けが困難であったのであろう。

前期後葉細石刃石器群期（一・九〜一・六万年前）

前葉とのあいだに二〇〇〇年間ほどのタイムラグがあるが、これはこの時期の確実な年代測定値が希少なことによると考えられる。北海道の旧石器時代の遺跡は、寒冷気候の影響で土壌擾乱《じょうらん》が著しく、石器群に確実にともなう炭化物などの年代測定資料の確認が一般にむずかしい。

そのため各石器群の厳密な存続年代の推定を困難にしている。おそらくこの間に居住間隙（＝無住）があったとは考えにくい。真性の湧別技法に属する札滑型と非湧別技法の峠下型二類の各細石刃石器群がこの石器群期に相当する。ともに大陸に広く類例が分布するので、大陸から第二波の細石刃集団が本格的に渡来したと考えられる。このうち札滑型のみが、分

＊札滑型細石刃石器群　湧別技法によって製作された細石刃核のうち、打面に擦痕のない札滑型細石刃核を主体とした細石刃石器群。48ページの図参照。

＊蘭越型細石刃石器群　両面体の原形を縦に用いて、湧別技法によって打面を作出する蘭越型細石刃核を主体とする細石刃石器群。47ページの図参照。

＊峠下型細石刃石器群　剥片または石刃を素材として、削片剥離によって打面を作出する峠下型細石刃核を主体とする細石刃石器群。47、48ページの図参照。

＊美利河型細石刃石器群　大型の両面体の原形から削片剥離によって打面を形成する（湧別技法）美利河型細石刃核を主体とする細石刃石器群。

布を古本州島に広げている。

前葉と後葉のあいだには、大きな変化が認められる。まず二万年前ごろまでに、ゾウや大型のシカ、ウシなどのマンモス動物群に属する大型動物が絶滅した。そのため、おもな狩猟対象が中小型動物に移行した結果、次期の後期細石刃石器群期になると石器群の多様化が進行する。

第二に、黒曜石産地の利用パターンに変化が認められる。後期旧石器時代前半期と前期前葉細石刃石器群期（後期旧石器時代後半期初頭）における大規模産地黒曜石の利用パターンは相対的に単純で類似しているが、前期後葉細石刃石器群期以降は多様化する。

前期後葉細石刃石器群になると、石器群ごとに特定の大規模黒曜石産地の利用が顕著になり、同時に石器群ごとに産地別黒曜石の構成に特徴を有するようになる。この傾向は、次期の後期細石刃石器群期にも基本的には引き継がれる。

他方、小規模産地の開発は後期旧石器時代をつうじて低調で、二一か所の地質学的黒曜石産地中、四か所しか利用されていない。白滝地域のケショマップ産黒曜石は比較的よく利用されているが、ほかの小規模産地の黒曜石はわずかな遺跡でしか利用されていない。石材を究極まで節約して広域移動生活に適応していた細石刃集団にとって、黒曜石がわずかしか得られない小規模産地の開発は非効率であったに違いない。

ちなみに、縄文時代になると小規模産地の黒曜石の利用が活性化するが、これは縄文時代の狩猟が森林の中での弓矢猟に移行するのにともない、黒曜石は小型の石鏃《せきぞく》の生産に適用されるようになったためである。定着的な縄文時代には、大量の黒曜石を一時に獲得する必要

47ページの図参照。

■ 前期前葉細石刃石器群の細石刃核

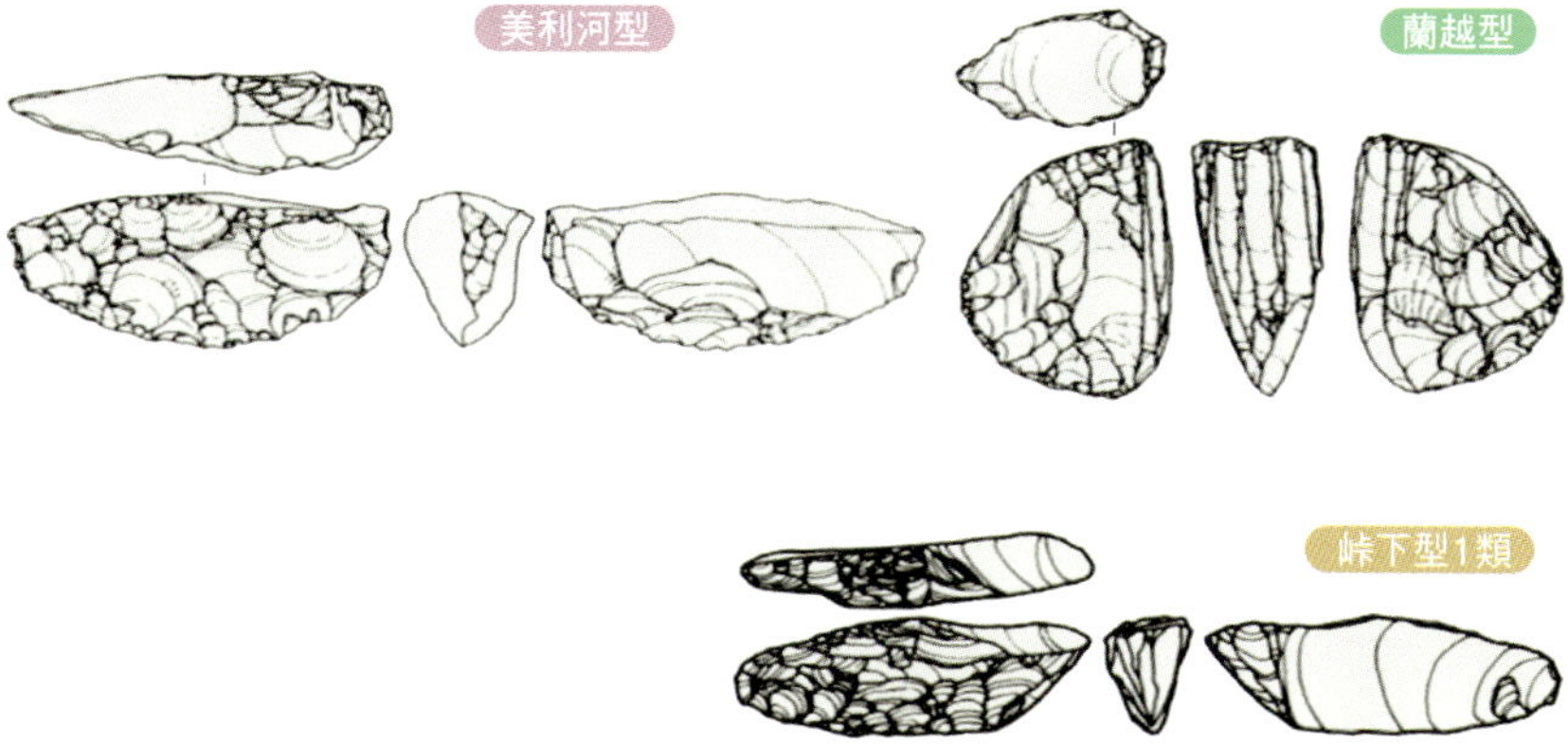

古北海道半島に最初に導入された３種類の細石刃核。45ページの脚注参照。

■ 日本列島の代表的な細石刃技法の模式図　（堤隆『氷河期を生き抜いた狩人』より）

1 矢出川技法と稜柱形（円錐形・角柱形）細石刃石核

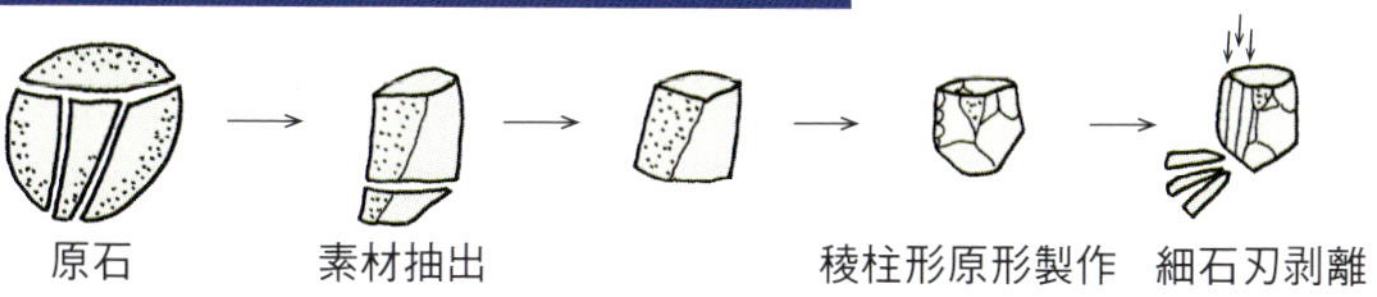

2 幌加技法と船底形細石刃石核

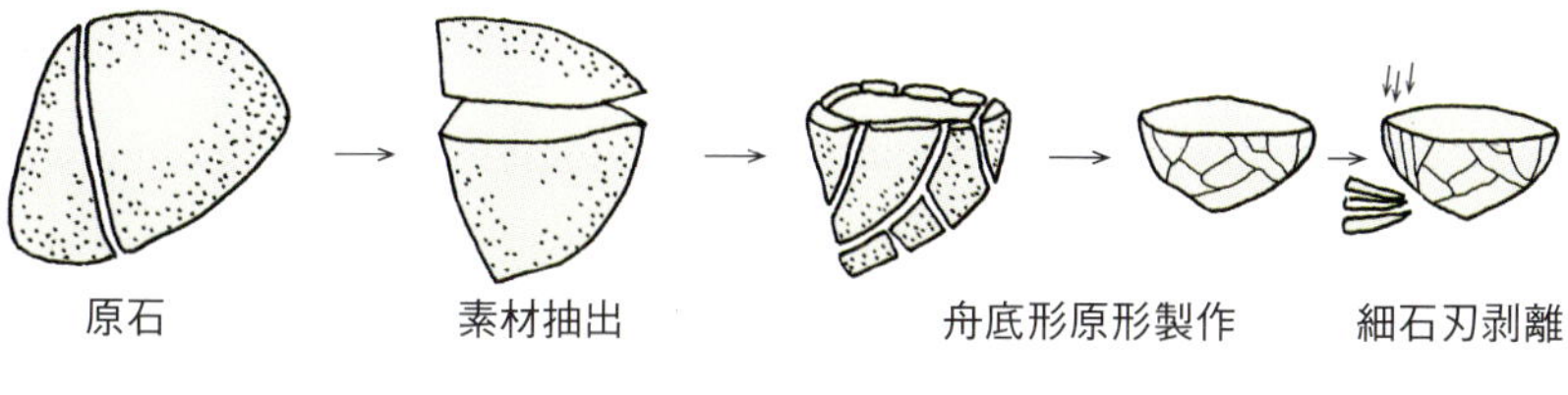

3 湧別技法と楔形細石刃石核

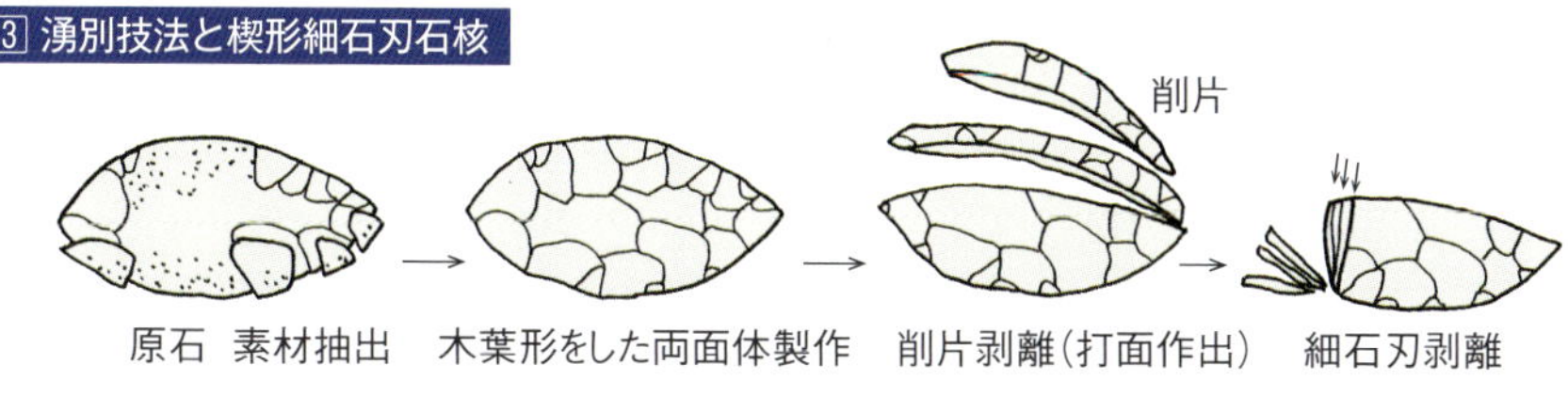

矢出川技法は円錐形や角柱形の、幌加技法は船底形の、湧別技法は楔のような形の細石刃核を作ることに違いがある。矢出川技法は古北海道半島を除く古本州島で広く見られる。幌加技法と湧別技法は列島中に広く分布する。

はなかった。

　黒曜石利用パターンの画期は、後期旧石器時代後半期の開始である細石刃技術の出現と一致せず、前期前葉細石刃石器群期から本格的な湧別技法が登場する前期後葉細石刃石器群期への移行と一致している。この時期は、それまで道内までに分布が限られていた細石刃石器群が、札滑型細石刃石器群という古本州島まで活動領域を拡大する集団が登場する時期と一致している。

■前期後葉細石刃石器群の細石刃核

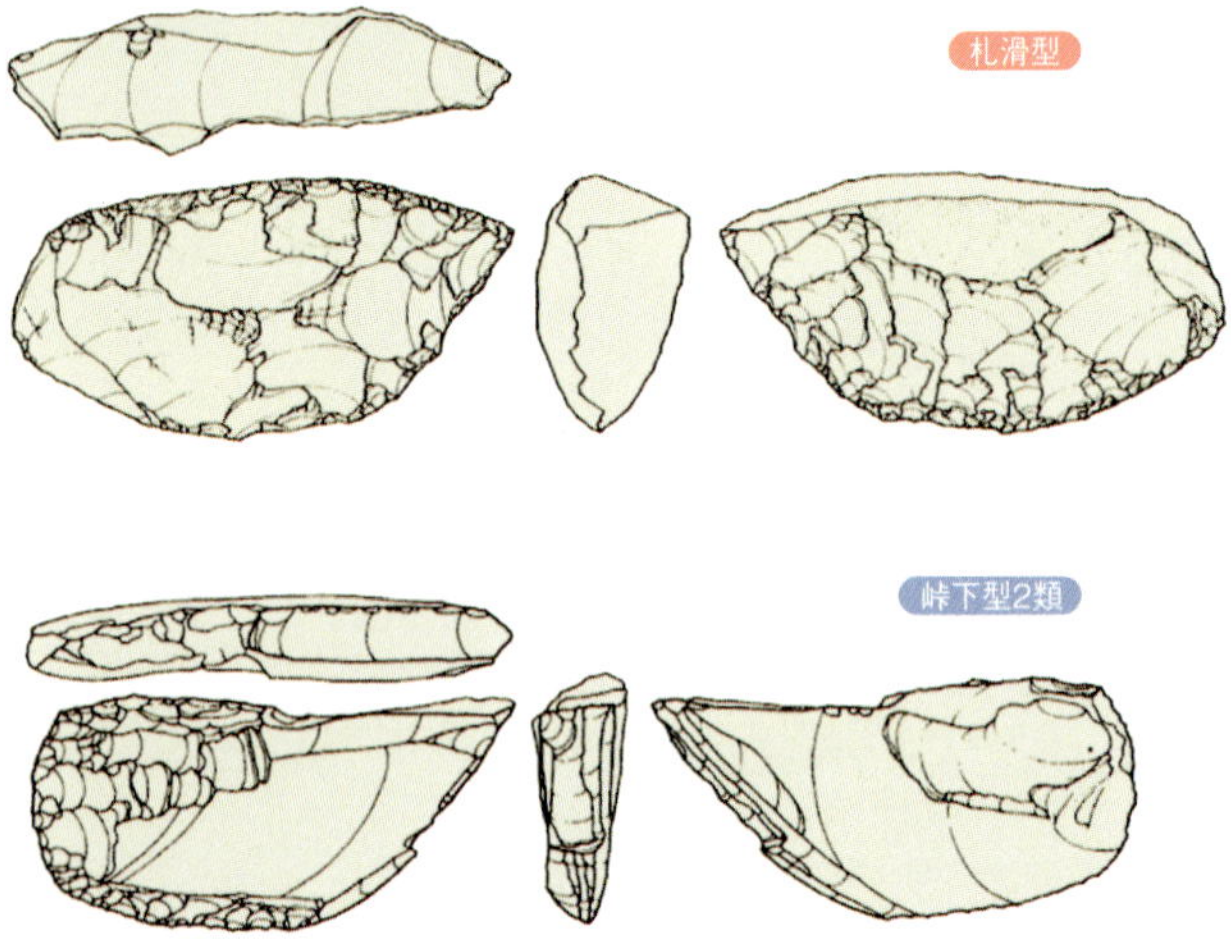

峠下型は古北海道半島以北に限られるが、札滑型は東日本や日本海側にも南下した。45ページの脚注参照。

　北海道に展開した細石刃石器群は、後期更新世の古北海道半島と古本州島のあいだに存在した津軽海峡を境に、文化的、社会的境界が形成されたため、基本的には古北海道半島内に分布が限られている。

　しかしながら、前期後葉細石刃石器群に属する札滑型細石刃石器群は、この境界を越えて北方系細石刃石器群として古本州島東部（東北・関東・中部・山陰など）に広がった。同石器群が保有する広域移動型行動戦略とそれによ

＊掻器　石刃または剥片の端部に加工を加えて刃部を作り出した加工具。主として皮に付着した脂肪の掻き取りや皮なめしなどに使用された。エンド・スクレーパーとも呼ばれる。

＊削器　石刃や剥片の側縁に加工を加えて刃部を作り出した加工具。皮なめしだけではなく、各種の掻き取りなど多様な用途に使用された。サイド・スクレーパーとも呼ばれる。

＊彫器　剥片または石刃の一部に彫刀面剥離と呼ばれる特殊な加工を加えて刃部を作り出した加工具。骨や牙の削り

く適合した装備の生産技術は従来から広く知られていたが、同石器群が白滝産黒曜石に強く依存することが明らかとなったことは、これらの仮説とよく整合する。

細石刃石器群は、両面体の細石刃核から細石刃を剥離しながら移動するため、しだいに細石刃核は小型化するが、札滑型は両面体を小型化する過程で生じる剥片を利用して*掻器や*削《さっ》器《き》・*彫器《ちょうき》といった必要な加工具を生産するので、移動途中で新たな石材の補給を必要としない広域移動によく適合した石器製作システムを保有していた（連動システム）。

次期の後期細石刃石器群期初期に属する白滝型細石刃石器群も白滝産と強く結びついており、札滑型細石刃石器群と同様の行動戦略をもっていた可能性が高くなった。白滝産黒曜石は縄文時代草創期（後期細石刃石器群期）になると、七五〇キロメートル離れた新潟県下にも運ばれている。

後期細石刃石器群期（一・六～一・一万年前）

一・六万年前になると、古本州島では最古の土器が出現し縄文時代草創期が始まるが、古北海道半島では旧石器時代の遊動生活が継続した。

晩氷期前半の温暖期に、帯広市*大正《たいしょう》3遺跡などで古本州島系の爪形文《つめがたもん》土器をもつ草創期の遺物が

出し・溝切りのような用途に使用された。ビュランなどとも呼ばれる。

＊大正3遺跡　北海道帯広市に所在する縄文時代初頭の開地遺跡。草創期の土器・石器以外に、縄文早期の石刃鏃なども出土した。

■ 北方系細石刃石器群の南下

（稲田孝司『旧石器人の遊動と植民 - 恩原遺跡群』より）

湧別技法で作られた細石刃核は、その形状から楔形細石刃核とも呼ばれている。矢出川技法によって作られた円錐形・角柱形細石刃核は古本州島の全域に分布するが、その後古北海道半島から湧別技法によって作られた楔形細石刃核をもつ石器群（北方系細石刃石器群）が南下した。

出土しているが、一時的な現象であり、その後土器文化は継続しない。また石器製作技術の一部に古本州島系の技術の影響がみられるが、石器群の全体的な様相は古本州島の草創期石器群とはまったく異なるので、草創期の影響は限定的なものにとどまった。

この時期には多くの石器群が並存するが、初期の白滝型*細石刃石器群を除き、いずれも古北海道半島内に分布が限られ、半島内で特殊化が進行したと考えられる。広郷《ひろさと》型*・紅葉山《もみじやま》型・忍路子《おしょろっこ》型一類・同二類の各細石刃石器群以外に、尖頭器・有茎《ゆうけい》尖頭器石器群や小型舟底形石器一類・同二類といった非細石刃石器群からなる。

大型石刃をブランクに採用した広郷型は、置戸産黒曜石に強く依存し、白滝産黒曜石も補完的に用いている。ただし道南では在地の頁岩《けつがん》を利用した。

細石刃核の素材に用いる大型の石刃を生産することができるような大きさと質をもった原石が必要なため、広郷型はこうした大きさの石材を確保できる優良石材の産地と強く結びついており、サハリン南部・ロシア極東や朝鮮半島、中国と北朝鮮の国境付近にある大規模黒曜石産地の白頭山《はくとうさん》周辺などにも分布がみられる。

小石刃核に類似する紅葉山型は、縄文時代早期の北海道や新石器時代の大陸側に広く分布する石刃鏃石器群の石刃核と技術的によく類似するため、縄文時代早期の所産と強く疑われてきたが、両石器群は規模や技術に相違がみられることから、少なくとも旧石器時代の細石刃石器群であると考えるほうがよい。

この時期は、世界的な気候変動では、晩氷期直前の寒冷期（一・六～一・五万年前）、晩氷期前半の温暖期（ベーリング・アレレード期、一・五～一・三万年前）、同後半の寒冷期（ヤ

＊白滝型細石刃石器群　札滑型と同じく湧別技法によって製作さた細石刃核を主体とする細石刃石器群。白滝型は札滑型とは異なり打面に擦痕調整があり、大きさも小さい。

＊広郷型細石刃石器群　大型石刃を素材として側縁から細石刃を連続剥離する細石刃核をもつ細石刃石器群。

ンガー・ドリアス期、一・三〜一・一七万年前）に相当し、いわゆる気候激変期にあたる。詳細は今後の研究をまつことにしたいが、いずれの石器群も個性的な様相をもつため、気候激変下で中小型獣狩猟のための行動適応が進行した集団の所産と考えられる。

なお完新世の温暖化が北海道にもおよび、温帯森林が拡大して縄文時代早期が開始される九〇〇〇年前（道北では八〇〇〇年前）と一・一万年前のあいだの様相はよくわかっていない。

古北海道半島では、早期以降縄文文化が広がるが、古本州島が弥生時代になっても本格的な稲作農耕は出現せず、狩猟・漁撈《ぎょろう》・採集社会が継続した（続縄文時代、前三〜後七世紀）。続縄文時代後半になると大陸系の海洋狩猟民であるオホーツク文化（五〜一〇世紀）が登場し、本州の古代社会の影響下で出現した擦文《さつもん》文化（八〜一二世紀）とともに、のちの考古学的アイヌ文化（一三世紀以降）の母体を形成することになる。北の文化は、本州以南とは別の歴史を歩んだ。

「連動システム」を示す細石刃石器群　（千葉県史料研究財団『千葉県の歴史　資料編　考古４』より）

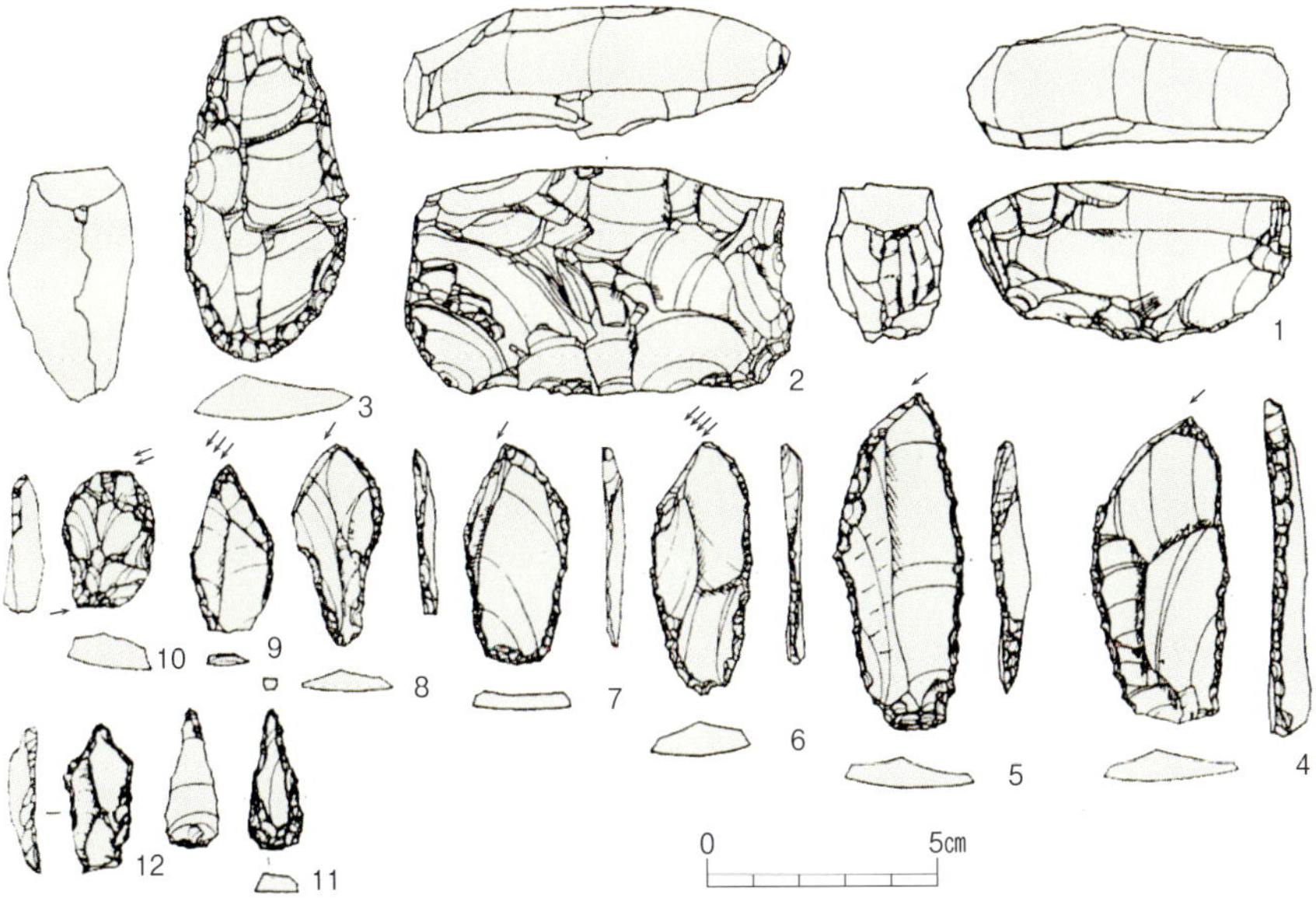

削器（3）・彫器（4〜10）・石錐（11・12）は、細石刃核（1・2）を製作するときに生じる調整剥片から生産された。図中の矢印は彫器に彫刀面剥離を施したことを示している。

大正３遺跡（北海道帯広市）出土の遺物　上：鋸歯縁尖頭器　鋸歯縁尖頭器は古本州島草創期の石器製作技術の系統を引く。下：爪形文土器。東北地方草創期の土器に類似する。

■後期細石刃石器群の細石刃核

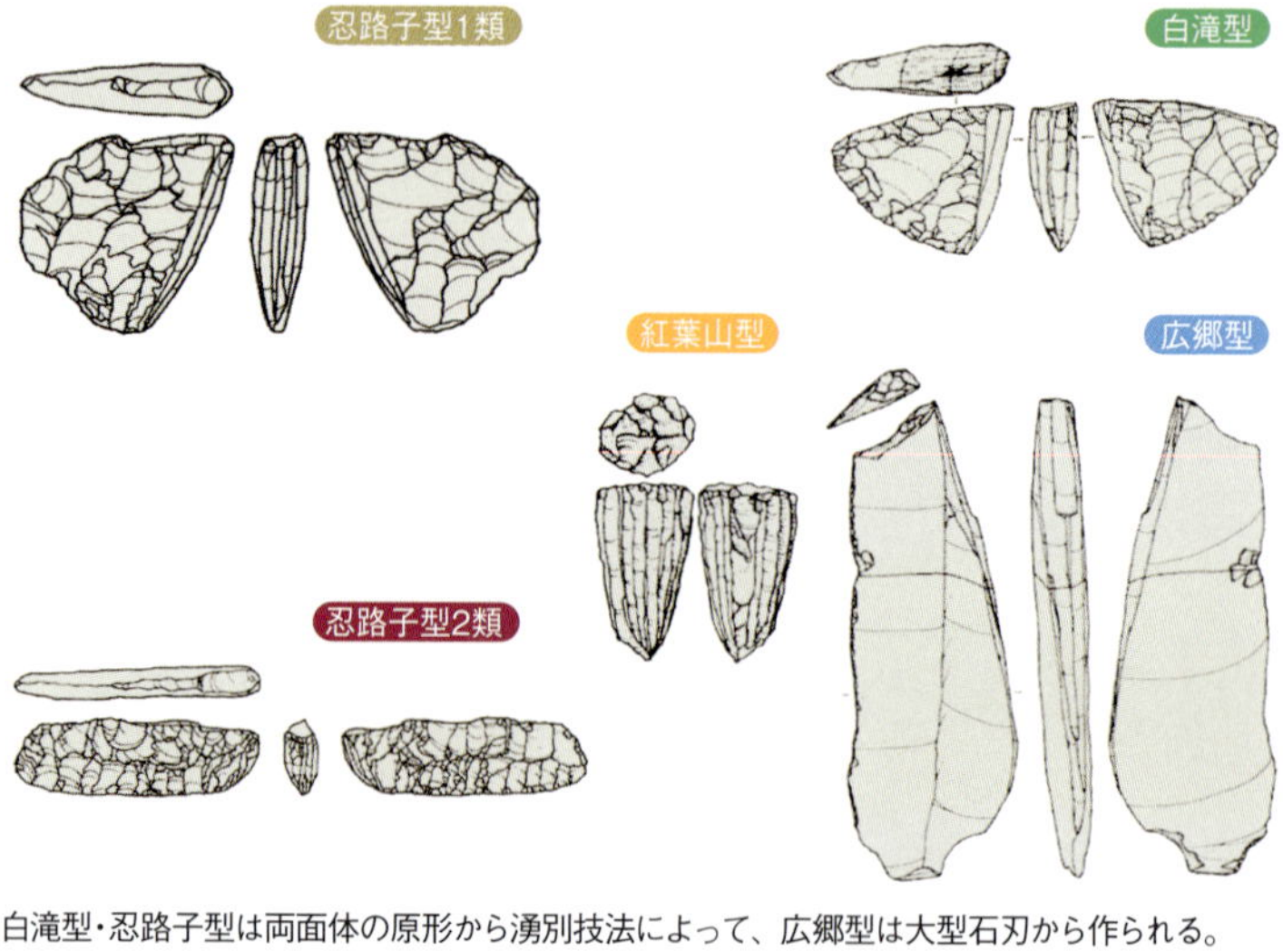

白滝型・忍路子型は両面体の原形から湧別技法によって、広郷型は大型石刃から作られる。

古本州島の旧石器文化

後期旧石器時代前半期（三・八〜二・八万年前）

周囲の大陸から海で切り離されていた古本州島の旧石器時代は、列島独自の文化様相が展開した。列島に人（現生人類）が大陸から流入してきた最古の証拠は、熊本県石の本《*いしもと》遺跡・静岡県井出丸山《*いでまるやま》遺跡・長野県貫ノ木《*かんのき》遺跡などで、いずれも三・八万年前の年代測定値が報告されており、三・六万年前までには、北は岩手県上萩森《*かみはぎもり》遺跡から南は鹿児島県立切《*たちきり》遺跡（種子島）まで、古本州島全域からまんべんなく遺跡の存在が報告されている。

このことは、列島に現生人類が朝鮮半島経由で渡来して以降、非常に早い速度で人類が古本州島中に広がったことを意味している。

最古の年代をもつ遺跡の多くは台形様石器群を有するが、三・六五万年前の長野県八風山《*はっぷうさん》2遺跡など複数の遺跡から、石刃技法からなる石器群が検出されており、古本州島の旧石器時代、とくに前半期の石器群構造は、伝統的技術の系譜をもつ台形様石器群と新出の石刃技法の両者が並存する二極構造を有していたと考えられる。

台形様石器は小型狩猟具であり、石刃技法から製作された基部加工尖頭形石刃石器は大型狩猟具であったと考えられ、前者は在地で容易に入手できるが、粗悪な石材を活発に消費し

＊石の本遺跡　熊本市に所在する旧石器時代から中世にかけての大規模遺跡。後期旧石器時代初頭の台形様石器石器群が出土したことで著名。

＊井出丸山遺跡　静岡県沼津市に所在。頁岩性の大型剥片石器と神津島産黒曜石製石器が出土した。

＊貫ノ木遺跡　長野県信濃町に所在。野尻湖遺跡群のひとつで、局部磨製石斧や台形様石器などが出土した。80ページの写真参照。

＊上萩森遺跡　岩手県奥州市（旧、胆沢町）に所在。台形様石器を主とする多くの石器が出土している。

＊立切遺跡　鹿児島県中種町

て大量の小型狩猟具を臨機的に製作したため、遺跡の数は多く、石器の出土量も豊富である。いっぽう基部加工尖頭形石刃石器は、分布が限られる黒曜石や頁岩などの優良石材を選んで節約的に製作された管理的な石器であったため、これを出土する遺跡の数は相対的に少なかった。

しかしながら、環状《かんじょう》集落などの一部の遺跡では両者とも出土することがあるので、両者は当時の集団が同時に保持していた技術であり、狩猟の方法や狩猟集団の編成といった状況に応じて発揮された互換的技術であった。

台形様石器　熊本市、石の本遺跡８区出土。

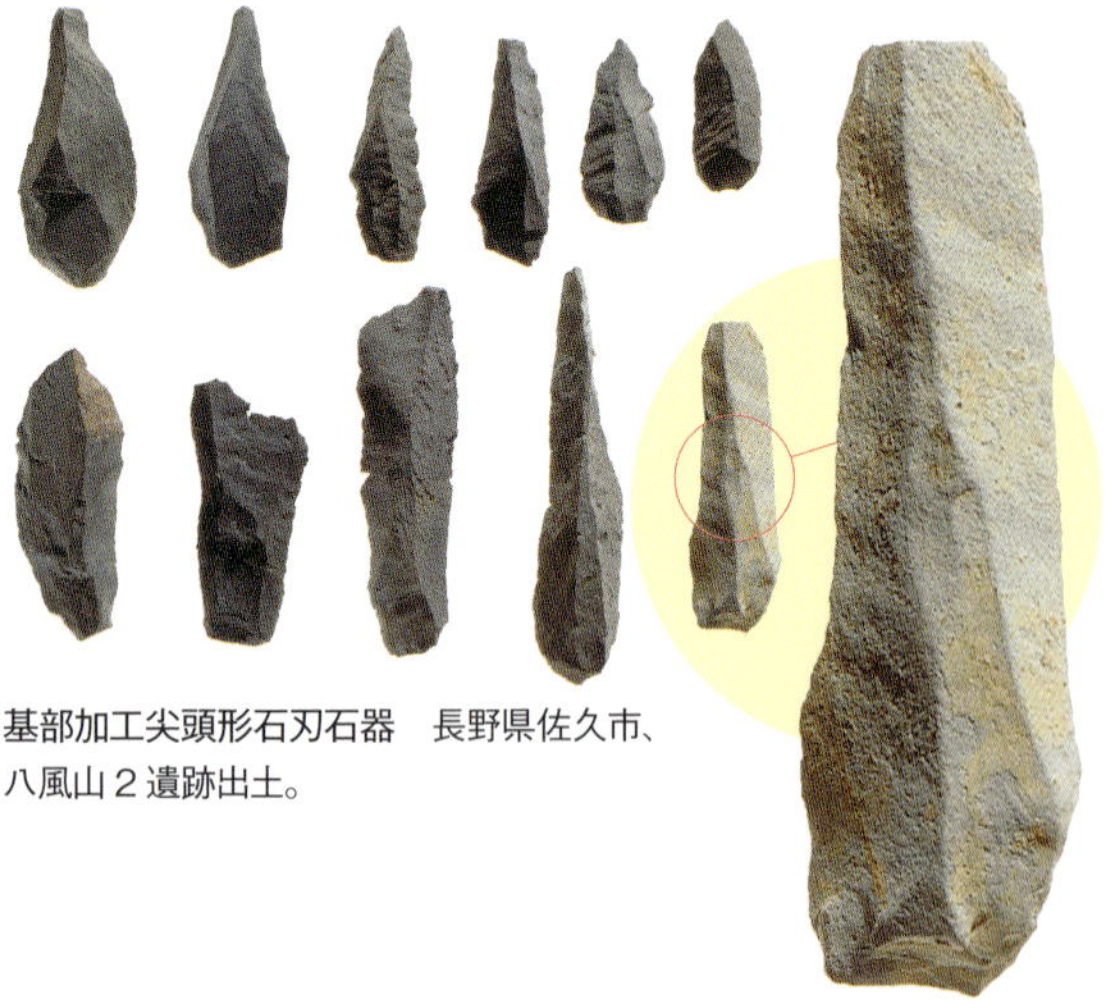

基部加工尖頭形石刃石器　長野県佐久市、八風山２遺跡出土。

に所在。種子島にあり、局部磨製石斧や剥片石器以外にも、日本列島最古の陥し穴が発見されている。

＊八風山２遺跡　長野県佐久市に所在。安山岩の原産地に立地し、最古段階の石刃石器群が出土した。

■ 二極構造の模式図

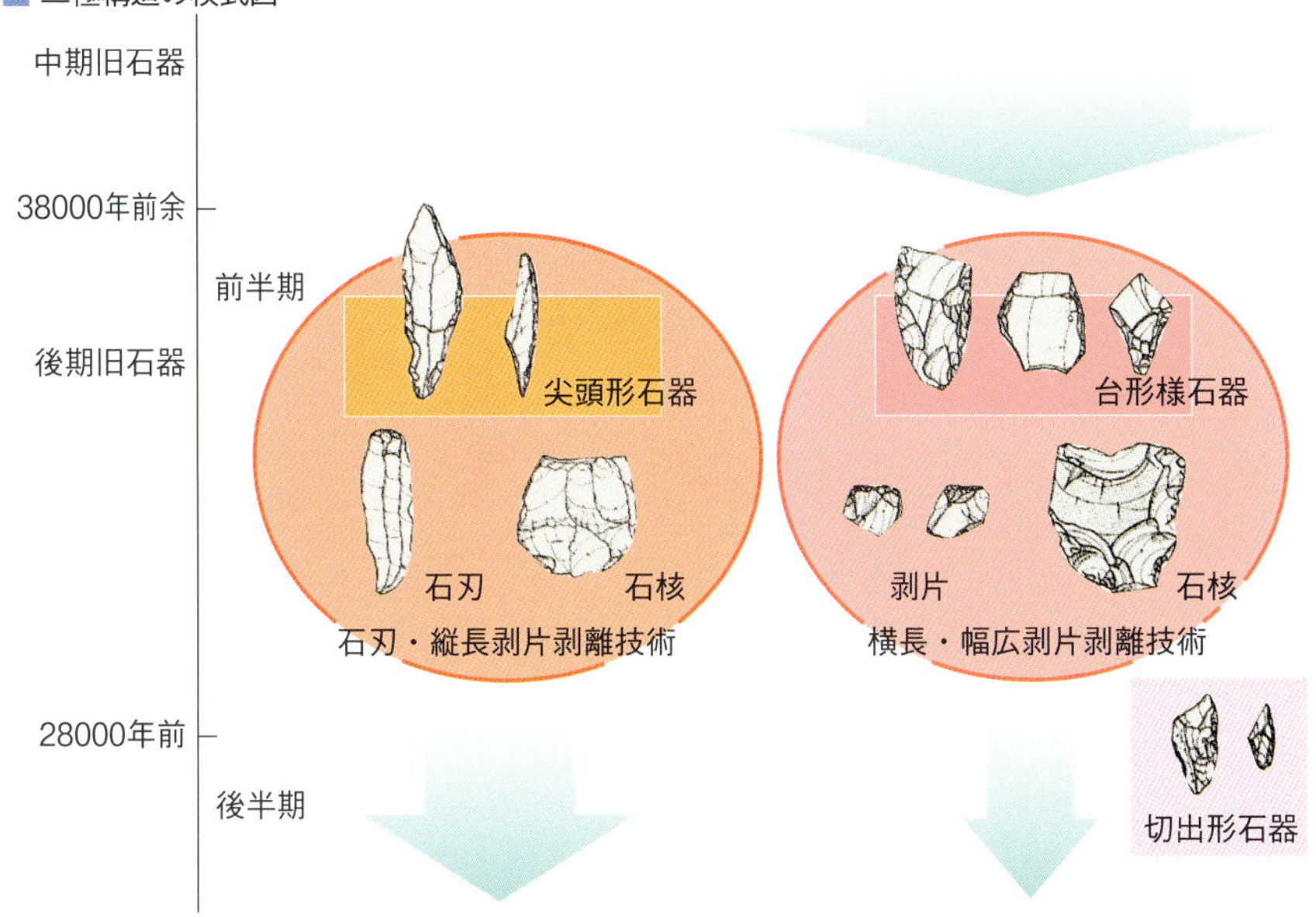

台形様石器は中期旧石器時代の系譜をもつ伝統的な技術だが、尖頭形石器は後期旧石器時代になって出現する新しい技術である。

古本州島では、寒温帯針葉樹林（東日本）または針広混交林（西日本）からなる森林の中で、ナウマンゾウ動物群を狩猟する生業が展開していたため、大型狩猟具である基部加工尖頭形石器とともに、森林環境で有効性を発揮する小型狩猟具である台形様石器も重要であった。そのため台形様石器は前半期をつうじて使用され、のちに切出形石器*などの小型剥片石器に機能が代替わりしても、基部・側縁加工尖頭形石器とともに二極構造（上の模式図参照）が旧石器時代をつうじて維持された。

前半期の古本州島では、ナウマンゾウ動物群中の大型哺乳類の狩猟が主要な生業であったた

*切出形石器　切出の形をした石器。台形様石器の消滅と併行して後期旧石器時代前半期後半から出現し、同後半期に盛行した。台形様石器と類似した機能をもったと推定されている。

基部加工尖頭形石器
約3.6万年前。東京都府中市、武蔵台遺跡Xb層出土。

め、集団は広域移動を基調とする遊動生活を送っていた。

そのため古本州島全域で、若干の地域差（東西差）をみせながらもほぼ同じ内容の石器を保有した等質的な石器群を共有していたが、後半期になってＬＧＭを迎え大型動物が絶滅すると、狩猟の対象が中小型動物に移行したので、東北・中部・関東・瀬戸内・九州といった地域的な石器群が分立するようになった。

これは草原に生息する大型哺乳類にくらべて、中小型動物の棲息範囲が狭いという動物の行動生態に対応した人間集団の適応行動の結果と考えられる。古本州島後半期における地域石器群の誕生以降、旧石器時代から縄文時代にかけてのはげしい文化変遷を経ても、地域の単位化という現象が解消されることはなかった。

前半期の古本州島では、環状集落の形成、局部磨製石斧《ませいせきふ》の使用、陥《おと》し穴《あな》猟の実施といった日本列島独自の旧石器文化の様相がみられるが、これらについては第三章で説明する。

後期旧石器時代後半期（二・八〜一・八万年前）の九州

日本列島は、地震と火山活動が世界でもっとも活発な地域のひとつである。これは更新世の旧石器時代も同様で、その痕跡は各地の遺跡から発見されている。とくに火山から噴出した溶岩・火砕流・火山灰などからなるテフラ*は繰り返し列島各地を襲い、遺物や遺構をしばしば覆った。

テフラ災害は当時の人びとの生活に深刻なダメージを与えたが、瞬間的な出来事であるテフラの降下年代が正確に把握できれば、テフラと遺物包含層との関係から、遺跡を形成した

＊テフラ　火山噴火にともない火口から噴出した溶岩・噴石・火山灰・火砕流などの噴出物の総称。

年代を知る有用な指標となる（テフロ・クロノロジー）。前半期と後半期の境界にほぼ相当する時期（三〜二・九万年前）に、列島先史時代最大の火山噴火であった姶良《あいら》丹沢《たんざわ》（AT）テフラが古本州島全域を覆うというイベント*がおこった。ATは、現在鹿児島の錦江湾《きんこうわん》を噴火口（姶良カルデラ）とする巨大噴火の産出物で、その火砕流は厚さ一〇〇メートル以上に及ぶシラス台地*を形成したため、南九州の生態系は一時期ほぼ壊滅状態になったと考えられる。ATは列島中の旧石器時代の多くの遺跡で確認することができるので、炭化物が見つからず^{14}C年代測定ができない遺跡でも、ATの下位から遺物が出土すれば前半期に、上位から出土すれば後半期と推定することができる。

この災害が人類社会に与えた影響はきわめて深刻であり、九州の旧石器時代後半期は、前半期とくらべて大きな変化を示している。

九州の前半期は、古本州

＊イベント　学術用語。地質学的に瞬間の出来事のことを指す。

＊シラス台地　AT噴火にともなって膨大な火砕流（入戸《いりと》火砕流）が噴出し、鹿児島県や宮崎県南部などの地域に厚く堆積して形成された台地のこと。谷や低地ではとくに厚く堆積し、厚さ一〇〇メートル以上に及ぶ場所もある。

■ AT火山灰の降下範囲

（町田洋・新井房夫編『新編　火山灰アトラス』東京大学出版会より）

図中の数字はATテフラの平均的な降灰の厚さを示している。

南九州のシラス台地（AT 火砕流）　写真の黄色の崖が入戸（いりと）火砕流（シラス）

島のほかの地域同様、台形様石器と基部・側縁加工尖頭形石器からなる二極構造が展開していたが、AT降灰後の後半期になると石器群が一変した。

まず瀬戸内から国府《こう》*系石器群が流入し、国府型側縁加工尖頭形石器やその技術を応用した石刃製の剥片尖頭器が盛んに製作された。

ただし後期旧石器時代をつうじて主要な狩猟具として用いられていた韓国（四・四〜一・八万年前）とは異なり、九州での剥片尖頭器の存続期間は比較的短く（二・八〜二・三万年前）、剥片尖頭器がみられなくなっ

角錐状石器　韓国スヤンゲ遺跡第6地点第2文化層出土。

＊国府系石器群　国府型側縁加工尖頭形石器やそれに類似した尖頭系石器・角錐状石器などからなる石器群。西は九州、東は日本海側を中心に、関東や東北地方まで分布する。

たのちに、これも韓国から角錐《かくすい》状石器の製作技術情報が伝播した。

角錐状石器は、鹿児島県下の遺跡にみられる桜島《さくらじま》起源の降下テフラとの層位的関係から二・一万年前以降に出現したことがわかっており、韓国では石錐《せきすい》や削器《さつき》といった加工具として用いられていた角錐状石器の機能を転換し、九州や西日本では狩猟具（尖頭器）として利用された。

国府型側縁加工尖頭形石器　翠鳥園遺跡（大阪府羽曳野市）出土。

角錐状石器　老松山遺跡（佐賀県三日月町）出土。

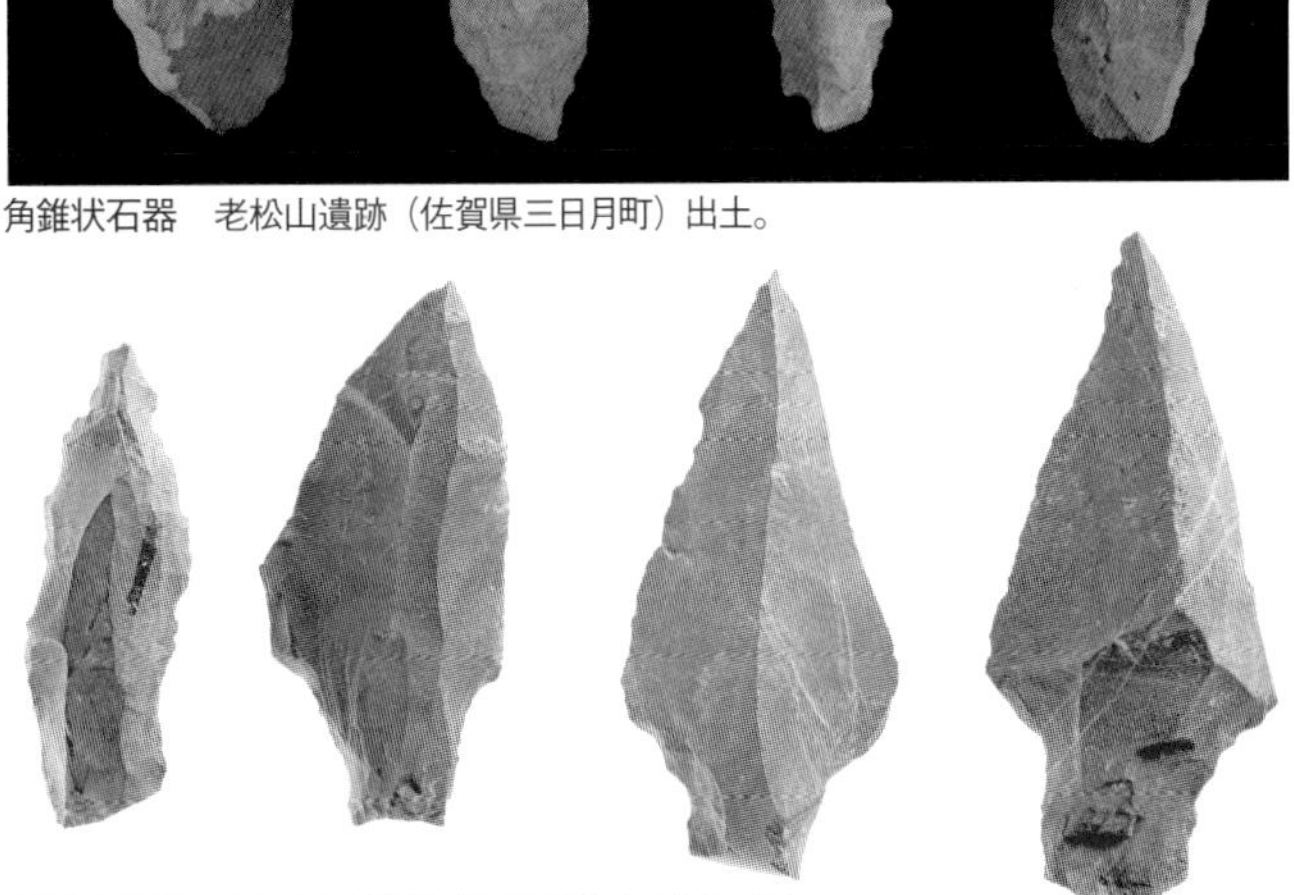

剥片尖頭器　桐木耳取遺跡（鹿児島県末吉町）出土。

■ 角錐状石器の機能転換

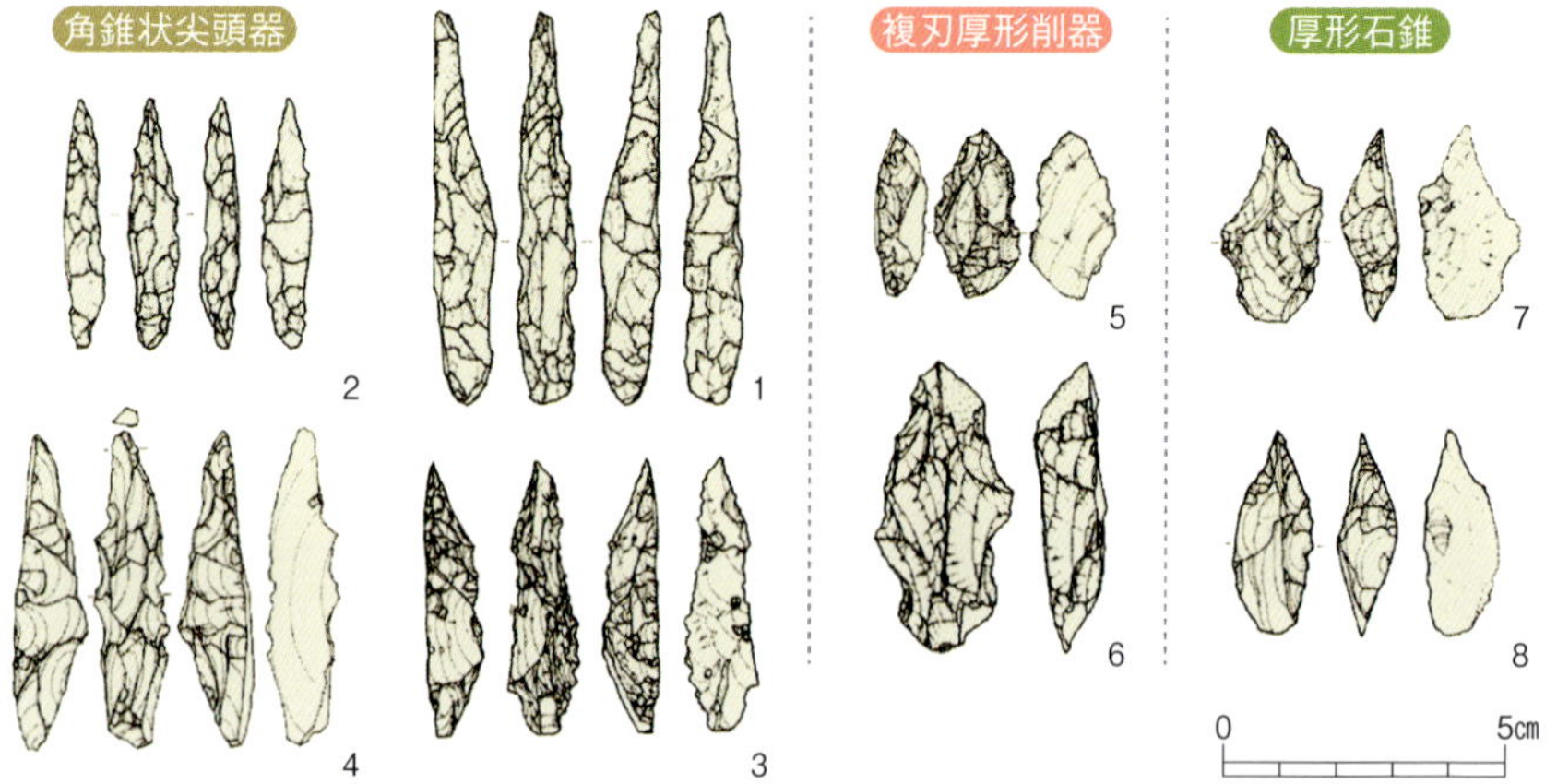

九州や西日本では狩猟具(尖頭器)として機能していたが、東日本に伝わると加工具(削器・石錐)に機能転換した。

角錐状石器はすぐに東日本に伝播するが、東日本ではふたたび石錐や削器として利用されるという興味深い機能転換の過程を示している。

AT降灰によって壊滅的な打撃を受けた九州の集団は、それでも絶滅することなく、周辺地域である瀬戸内や韓国からいろいろな石器製作技術を積極的に導入し、各種の狩猟具生産を試みたことがよくわかる。角錐状石器の時期が終了したあとも、九州では小型剥片製の狩猟具や細石刃技術の導入をはかった時期などが目まぐるしく移り変わっていった。

西日本の後半期

西日本の後半期を代表するのは、大阪湾沿岸をはじめとする瀬戸内周辺で発達した国府系石器群である。ただし当時瀬戸内海は陸化した盆地状の平原であり、古環境の分析から、草原と疎林が卓越していたと考えられている。

サヌカイトと呼ばれる良質の黒色安山岩《あんざんがん》の一種が、奈良県二上山《にじょうさん》・香川県五色台《ごしきだい》・広島県冠《かんむり》高原などの産地で大量に産出したため、この石材の特徴によく適応した瀬戸内技法という石器製作技術が発達した。縦長の石刃を量産することが困難であったサヌカイトを、刺身を切るようにして規格的な横長剥片を量産し、大型狩猟具の素材に用いるという特異なこの技法は、やがて北九州から東北の日本海沿岸地域にかけて分布する安山岩の開発にも応用されるようになり、西日本を中心に広域に広がった。

元々は瀬戸内平原での狩猟に適応した集団によって開発された地域石器群であったと考えられる。国府系石器群ないし瀬戸内系の石器群と九州から伝播した角錐状石器群は、西日本の後半期の石器群を形作る中心となった。

東日本の後半期

東日本の後半期は、中部・関東（日本海側と太平洋側の小地域性がある）と東北の二つの地域性から構成されていた。

中部・関東地方では、側縁加工尖頭形石器を中心に各種の石器群が展開した。研究の進展している南関東では、各種の基部・側縁加工尖頭形石刃・剥片石器→両面体尖頭器石器群→細石刃石器群（旧石器時代末期）という順番に変遷したが、これらの石器群は大幅な重複があり、整然とした変遷を示すわけではない。

たとえば西南関東で発達した側縁加工尖頭形石刃石器からなる砂川石器群（二・四〜二・二万年前）は、大宮台地（埼玉県）・武蔵野台地（埼玉県・東京都）・相模野台地（神奈川県）

■ 瀬戸内概念　（高橋章司「翠鳥園遺跡の技術と構造」より）

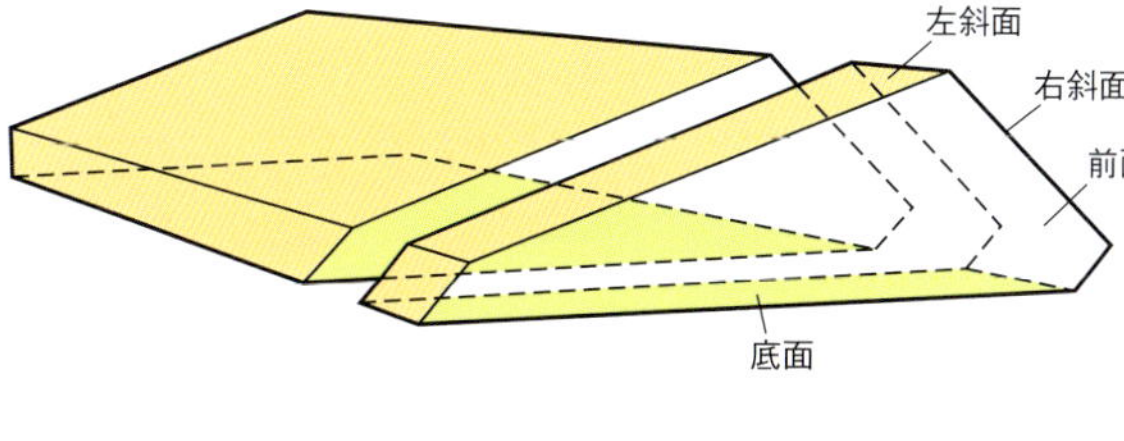

瀬戸内技法は、サヌカイトのような石材から刺身を切るように横長の剥片を次々と連続的に生産する考え方（瀬戸内概念）に基づいていた。前面と底面が石器の正面になり、左・右斜面を加工して石器の側縁とした。

に主として分布し、同時期の東南関東（千葉県下総《しもうさ》台地）では、両面体尖頭器である東内野《ひがしうちの》型*有樋《ゆうひ》尖頭器石器群が対峙《たいじ》していた。

いっぽう同じ側縁加工尖頭形石刃石器であるが、型式学的特徴が異なる*杉久保系石器群は、ほぼ同じ時期に、新潟県から長野県北部を中心に分布していた。これらの石器群が展開していた時期は、LGM直後で大型動物が絶滅した時期のあとに相当し、旧石器集団は関東や日本海側の台地などの平坦地を中心に、いくつかの台地を含んだ程度の狭い領域での狩猟活動

砂川型側縁加工尖頭形石刃石器　埼玉県所沢市、砂川遺跡出土。

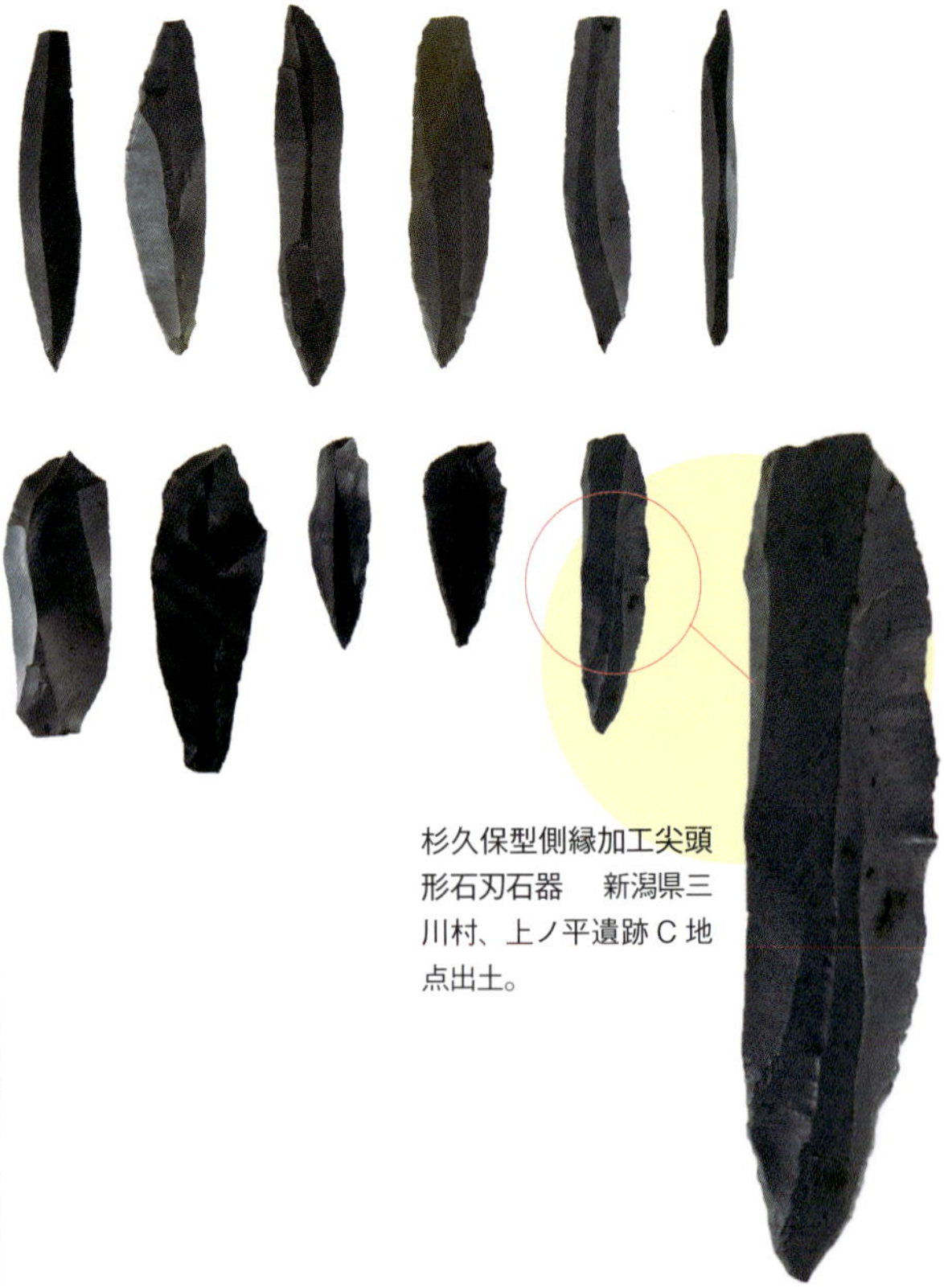
杉久保型側縁加工尖頭形石刃石器　新潟県三川村、上ノ平遺跡C地点出土。

＊有樋尖頭器　両面加工の尖頭器の肩部に樋状剥離を施した尖頭器。中部・関東・東北地方にかけて分布する。

＊杉久保系石器群　基部と側縁の一部に加工を施した杉久保型尖頭形石刃石器を中心とした石器群。64pの写真参照。

へと行動戦略の転換を果たしていたことがよくわかる。

いっぽう東北地方では、前半期にみられた基部加工尖頭形石刃石器群が、台形様石器群が消滅したのちも一貫して継続した。むしろ後半期になると、*乱馬堂《らんまどう》石器群のように、大型石刃を素材とした大型狩猟具が発達した。在地に頁岩という優良石材を豊富にもつ東北地方では石刃技法がよく発達し、縄文時代中期ごろまで継続したことがわかっている。

東内野型有樋尖頭器　千葉県富里市、東内野遺跡出土。

＊乱馬堂石器群　大型石刃の基部両側に加工を施した石器を主体とする石器群。大型狩猟具ないしは加工具として使用された。山形県新庄市乱馬堂遺跡のような東北地方で発達した。66pの写真参照。

東北地方は土壌の発達が悪いため、関東地方のように層位に基づく地質編年を構築することがむずかしく、細別編年の様相が不明な部分が多いため、石器群の具体的な変遷がよくわかっていない。

このように、古本州島では地域ごとにかなり異なる石器群が分立していたが、その状況は旧石器時代末期になり細石刃石器群が列島全体を席巻《せっけん》することで終わりを告げた。

古本州島は、縄文時代を経て弥生時代・古墳時代・古代・中世・近世という文化変遷を遂げ、「中の文化」として「日本文化の歴史」(=中央史観)を構成することになる。

乱馬堂型基部加工尖頭形石刃石器　山形県金山町、太郎水野２遺跡出土。

小型の切出形石器　旧石器時代後半期になると、台形様石器のかわりに切出形石器が盛んに使われるようになった。千葉県銚子市、三崎三丁目遺跡出土。

古琉球諸島の旧石器文化

自然環境

西表島《いりおもてじま》と石垣島《いしがきじま》が当時一体化していたなどのわずかな違いがあるが、氷期の海面低下により陸域が拡大していたにもかかわらず、古琉球諸島は今日同様、島嶼《とうしょ》から構成されていた。氷期の寒冷気候は古北海道半島や古本州島では影響が甚大であったが、亜熱帯地域の古琉球諸島では相対的に小さかったと思われる。

古琉球諸島は南北に一〇〇〇キロメートル以上にわたって連なっているため、ひとつの文化圏として把握しにくい。琉球諸島は、トカラ・ギャップとケラマ・ギャップというふたつの水深一〇〇〇メートルを超える深い海裂によって地理的に別れ、トカラ・ギャップ以北の鹿児島県域は北琉球に、ケラマ・ギャップ以南の先島《さきしま》諸島は南琉球に、そしてその中間の沖縄諸島は中琉球に区分されているが、この地理的区分は文化的区分にも相当する。

古琉球諸島の旧石器時代の植生の詳細はあまり知られていないが、古本州島の南岸に張り付くように分布していた常緑樹・落葉広葉樹林帯から構成されていたと考えられる。生物地理学上、トカラ・ギャップ（渡瀬線《わたせせん》）以北の北琉球と本州および北海道は「旧北区」に属す

■古琉球諸島の地理的環境と遺跡の分布

（山崎真治『島に生きた旧石器人－沖縄の洞穴遺跡と人骨化石』より）

所在地	遺跡名	年代	おもな遺物・遺構	発見年
鹿児島県	立切（中種子町）	3万5000年前	石器・礫群	1997年
	横峯C（南種子町）	3万5000年前	石器・礫群	1992年
	土浜ヤーヤ（奄美市）	後期更新世	石器	1987年
	喜子川（奄美市）	後期更新世	石器・礫群	1987年
	ガラ竿（伊仙町）	後期更新世	石器	2002年
沖縄県	桃原洞穴（北谷町・沖縄市）	後期更新世	人骨	1966年
	大山洞穴（宜野湾市）	後期更新世	人骨	1964年
	山下町第一洞穴（那覇市）	3万6000年前	人骨・石器？	1962年
	港川フィッシャー（八重瀬町）	2万2000年前	人骨	1968年
	サキタリ洞（南城市）	2～1万年前	人骨・石器	2011年
	カダ原洞穴（伊江村）	後期更新世	人骨	1962年
	ゴヘズ洞穴（伊江村）	後期更新世	人骨	1976年
	下地原洞穴（久米島町）	1万8000年前	人骨	1983年
	ピンザアブ（宮古島市）	3万年前	人骨	1979年
	白保竿根田原洞穴（石垣市）	2万年前	人骨	2009年

図の薄茶色の部分はLGM期の陸域の範囲を示している。

るが、以南の中琉球と南琉球は台湾・中国南部から東南アジア・インド亜大陸を含む「東洋区」に区分されており、生物相自体が大きく異なる。

したがって氷期の動物相も古本州島以北とは大きく異なり、大型動物は生息せず、シカやイノシシ（古本州島以北とは異なる種）に代表される中小型獣から構成されていた。

■ 現生狩猟採集民の緯度別生業分布

	主要な生業			
緯度	採集	狩猟	漁撈	計
60° 以上	---	6	2	8
50--59°	---	1	9	10
40--49°	4	3	5	12
30--39°	9	---	---	9
20--29°	7	---	1	8
10--19°	5	---	1	6
0--9°	4	1	---	5
	29	11	18	58

南方の狩猟採集民は植物採集に依存することが多いが、北に行くほど動物狩猟と漁撈への依存が高まる。

リュウキュウイノシシ　本土のイノシシにくらべて小型である。沖縄県立博物館・美術館にある復元剥製展示。

こうした自然環境がもたらした食料資源の環境からみて、古琉球諸島の旧石器時代では、森林の中での中小型動物の狩猟と植物食料の採集が主要な生業であったと思われる。

生態学や現生狩猟採集民研究では、北と南の資源構造を大きく二つに分けて考えられている。南方の熱帯や亜熱帯の森林地帯では、資源となりうる生物種の数は多いが、一年をつうじて特定の種が卓越して出現することはほとんどない。このような資源構造を「細区画的」と呼び、これらの資源を利用する集団は、特定の資源開発用の道具や技術を準備するよりも、汎用な道具を装備して、あらゆる資源の開発を可能とする探索行動に赴くことになる。

したがって、製作に時間や労力をかけずに道具を製作するため、周囲で比較的簡単に入手が可能な材料で、簡易な道具を大量生産する傾向が強い。実際に東南アジアや南中国などの旧石器時代の石器類

アニャシアンの珪化木製の礫器　アニャシアンは、モヴィウスによって設定された型式で、最近再発掘が行われた。29ページ参照。ミャンマー、チャウ遺跡出土。

は、簡単な剥片《はくへん》製の削器《さっき》や先端を粗《あら》く加工したチョッパーなどから構成されている。
いっぽう温帯以北の北方では、生物の種が少なく、四季のような一年の気候変化に応じて特定の種が特定の季節に一時に出現する。このような資源環境を「粗区画《そくかく》的」と呼び、ある時期に大量に出現することが予測される対象にランクをつけてから、高ランクの種を効率的に獲得するための周到な道具の製作と準備を行っておくことになる。

北にいくほど狩猟の比率が増大するので、用意する道具は精巧な狩猟具であることが多く、実際に古本州島や古北海道半島では各種の狩猟具が巧妙に作り分けられていた。

中琉球以南の古琉球諸島の資源構造は、おそらく細区画的であったので、狩猟具などの石器が発達しなかったのであろう。古琉球諸島の旧石器人は、比較的狭い範囲での動物狩猟と植物採集を生業としており、古本州島以北の人びととは異なって、定着的な領域内での小規模な計画的移動生活を行なっていた可能性が高い。

北琉球

古琉球諸島の旧石器文化の様相は、調査事例が少なく小規模なため、よくわかっていない。北琉球では鹿児島県種子島《たねがしま》で旧石器時代の遺跡が比較的多く発見されている。

立切《たちきり》遺跡や＊横峯《よこみね》C遺跡では、古本州島系の台形様石器《だいけいようせっき》や細石刃核《さいせきじんかく》が発見されている一方、磨石《すりいし》・＊石皿《いしざら》といった礫《れき》石器類や礫群（集石）などの遺構も多く発見されているので、植物食料の利用が盛んであったと推測されている。

また立切遺跡では、古本州島南岸部にみられる最古の陥《おと》し穴《あな》（八七ページ以下参照）が発

＊横峯C遺跡　鹿児島県南種子町に所在。発見された台形様石器は砂岩製で、剥片石器が主体となっている。

＊石皿　扁平な大型の礫の表面に、ものを敲いた跡やすり潰した痕跡などが認められる石器。植物の処理や顔料を削るといった用途に使われたと考えられている。

見されていることからも、北琉球が古本州島の文化圏内にあったことを強く示唆している。北琉球の動物相が「旧北区」という本州と同じ生物地理学上の地域に属していることも、このことを支持している。

ただし種子島は、氷期海面がもっとも低下した時期には九州と陸でつながっていた可能性が高いので、そのことも考慮に入れておかねばならない。

局部磨製石斧　鹿児島県中種子町、立切遺跡出土。

磨石類　植物食料の加工などに使われたと考えられている。鹿児島県、立切遺跡出土。

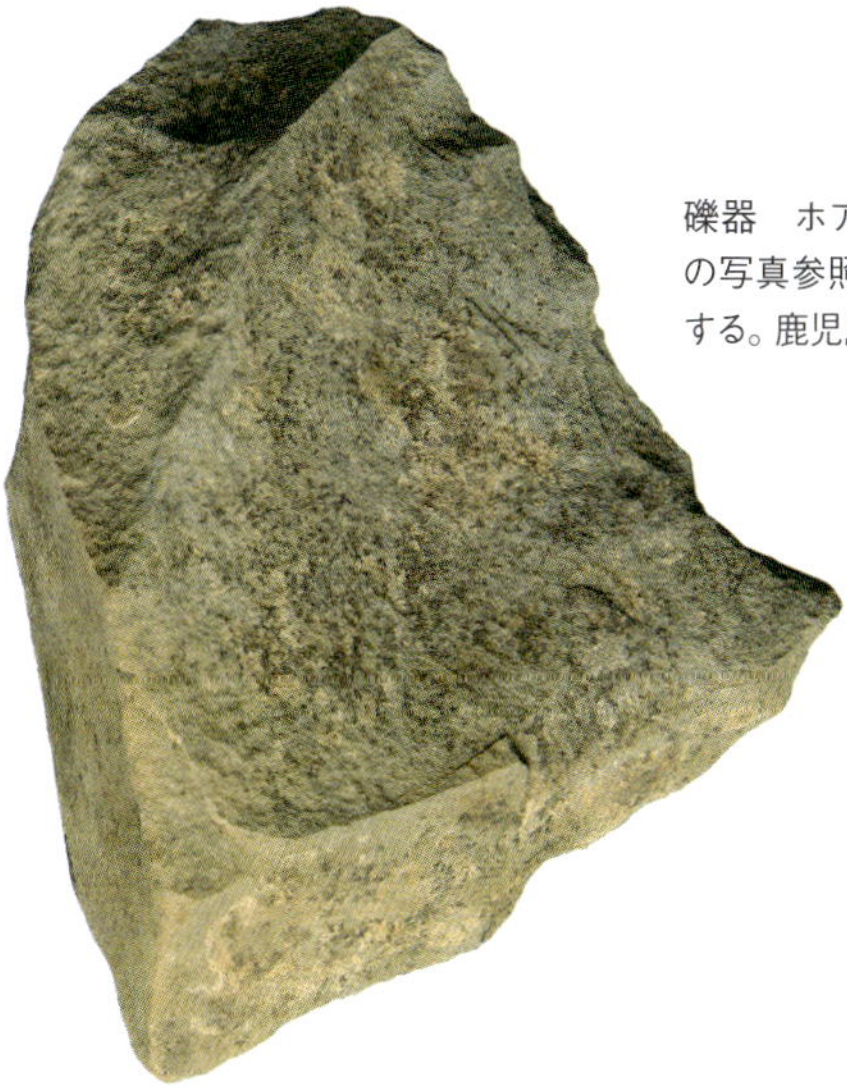

礫器　ホアビニアン（74ページの写真参照）の剥片石器に類似する。鹿児島県、横峯C遺跡出土。

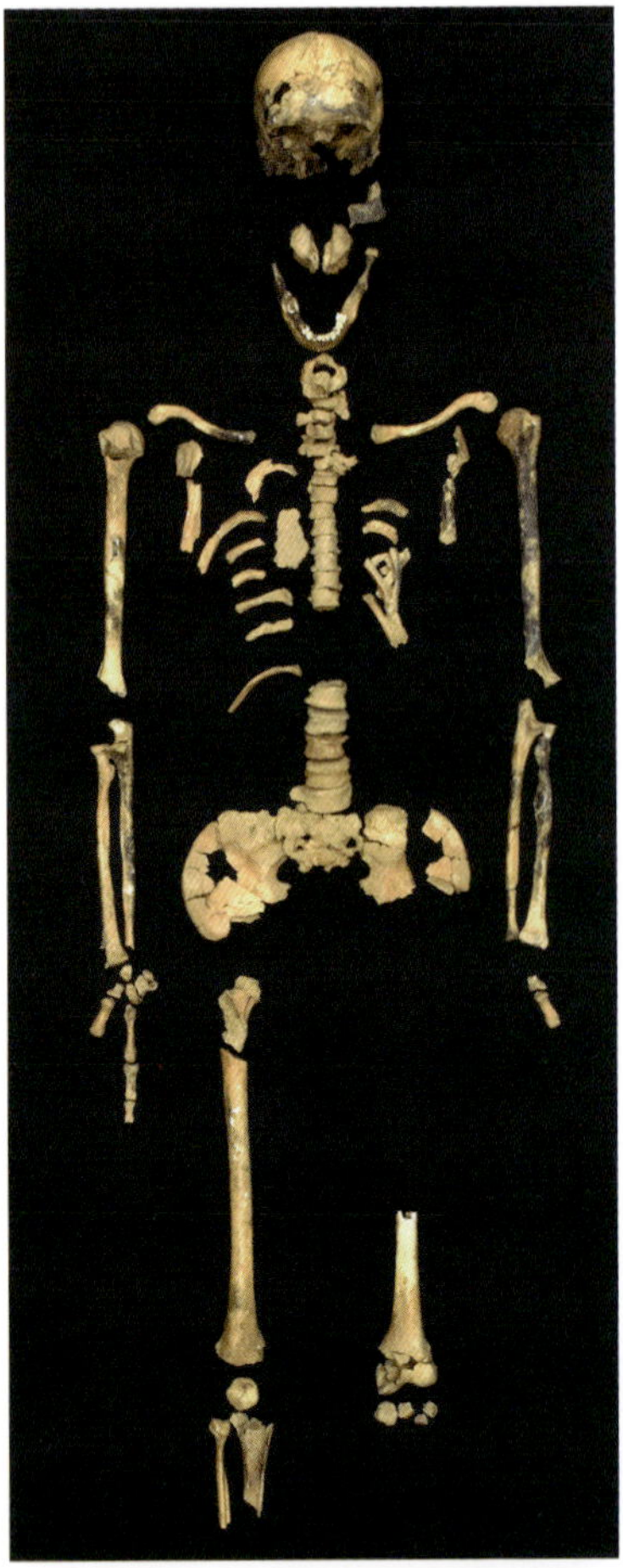

白保４号人骨　28,000 年前の日本最古の人骨で、身長 165 センチの成人と考えられている。同位体食性分析によると、水産資源をあまり利用していなかったらしい。DNA の分析では南方系と推定されている。

南琉球

「東洋区」に属する中琉球以南の地域では、そもそも石器の確認事例に乏しく、いまのところ磨石・石皿のような礫石器や臨機的な使用を想定できる石英製の小型剥片石器（削器）などがわずかに確認されている程度である。

そのような状況のなかで、最近調査された石垣市白保《しらほ》竿根《さおね》田原《たばる》洞穴《どうけつ》遺跡は、南琉球ではじめて本格的に調査された旧石器時代遺跡となった。白保竿根田原洞穴遺跡の更新世堆積物からは、石器などの道具は検出されなかったが、少なくとも一九個体以上の化石人骨が発見され、いずれもほぼ解剖学的位置*を保ったいくつかのまとまりから検出されたので、列島ではじめて確認された旧石器時代の墓地であったと考えられる。

周到な発掘調査により、風葬（崖葬墓《がいそうぼ》）が行われていたと考えられているが、崖葬墓は沖

＊解剖学的位置　出土した骨が本来の位置や場所の状態を残したままであることを言う。解剖学的位置を保っていることは、遺体が生前の形のままであることを意味し、二次的な移動や撹乱などを受けていないことを表している。

白保竿根田原洞穴遺跡の調査風景　沖縄県石垣市。

縄をはじめとする東南アジア各地で広く行われていた葬制であり、これまで縄文時代後期まで、その存在が確認されていた。それが旧石器時代中ごろ（二・八万年前）まで遡ることがわかった。

おそらく南琉球は南方の文化圏に属し、石器群は東南アジア大陸部で更新世から完新世にかけて発達したホアビニアンに類するのではないかと予想される。

東南アジアのホアビニアンの石器　上段・中段：片面加工の礫器。下段右：剥片製の削器。ベトナム、ソム・チャイ遺跡出土。

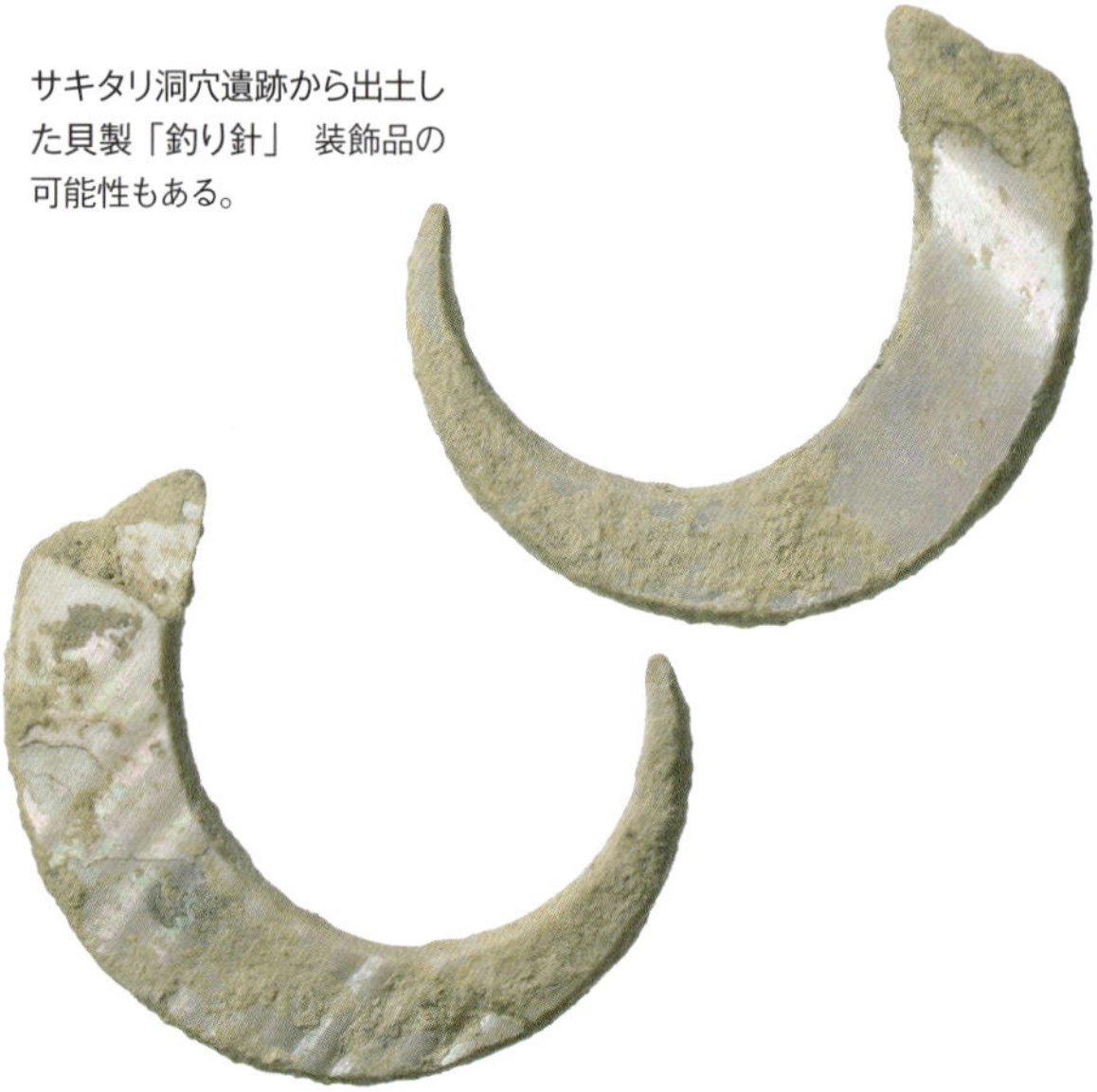

サキタリ洞穴遺跡から出土した貝製「釣り針」 装飾品の可能性もある。

中琉球

奄美大島から沖縄諸島にかけての島々が含まれる中琉球は、古琉球諸島のなかでも調査が比較的進んでいる地域となる。沖縄島および周辺の島からは、これまでいくつかの洞穴やフィッシャー*から旧石器時代の化石人骨が発見されていたが、港川フィッシャーを除くと骨片やわずかな部分骨にとどまり、明確な石器の共伴例がなかったため、周辺からの二次的な流入と判断されてきた。

しかしながら、最近調査されている南《なんじ》城《よう》市サキタリ洞穴遺跡*では、旧石器時代に遡る可能性がある解剖学的位置を保った全身骨化石が検出されている。サキタリ洞穴遺跡からは、臨機的な使用が考えられる石英《せきえい》製の剥片に加えて、貝器とされる貝製品や貝製の「釣針」、大量のモクズガニの遺体（爪《つめ》）などの出土が報告されており、少なくともある程度の水産（海産）資源が利用されていたと思われる。

ただし前述した白保竿根田原洞穴遺跡出土の化石人骨から抽出されたコラーゲンを用いた同位体食性分析によれば、更新世人骨にはほとんど水産資源利用の痕跡はなかった。水産資

*フィッシャー　雨水などの影響によって石灰岩分が溶け、石灰岩の中に形成された割れ目のこと。右写真の中央の崖に縦に割れている裂け目が港川フィッシャー。旧石器時代の化石人骨が複数体出土した。

*サキタリ洞穴遺跡　沖縄県南城市に所在する石灰岩の洞穴遺跡。旧石器時代の層からは貝製品や動物の骨、墓などが発見されている。

サキタリ洞穴遺跡から出土した貝器とその素材

サキタリ洞穴遺跡から出土した貝製ビーズ

サキタリ洞穴遺跡から出土したカニの爪　食料の残滓と考えられている。

土浜ヤーヤ遺跡出土
の局部磨製石斧片

天城遺跡出土の台形様石器など　古本州島の台形様石器と類似している。

源の利用痕跡が認められるのは完新世前期以降となるので、少なくとも沖縄の先史人たちが水産（海産）資源を主体的に利用するのは完新世になってからのことと考えられる。

いっぽう、奄美大島の*土浜《つちはま》ヤーヤ遺跡や*喜子川《きしかわ》遺跡からは、古本州島の前半期に特徴的な局部磨製石斧《せきふ》の破片（土浜ヤーヤ）や剥片石器（喜子川）が出土し、徳之島の*ガラ竿《さお》遺跡や*天城《あまんぐすく》遺跡からは、古本州島系の台形様石器群（天城）や磨石（ガラ竿）が発見されている。

こうした特徴から、中琉球は古本州島文化圏（北琉球）と南方文化圏（南琉球）の中間地帯を形成していた可能性が高い。

沖縄では、本州の弥生時代併行期になっても狩猟・漁撈・採集生活が継続し、やがてグスク時代・琉球王朝期を経て近代になると、明治政府に統合されることになる。南の文化は、このようにして歴史的に形成された。

*土浜ヤーヤ遺跡　奄美大島（鹿児島県奄美市）に所在。剥片石器や局部磨製石斧などが出土し、本州の旧石器文化との関係が注目されている。

*喜子川遺跡　奄美大島（鹿児島県奄美市）に所在する縄文時代～旧石器時代の開地遺跡。大量の爪形文土器の下層から旧石器時代に属すると考えられる剥片が2点出土した。

*ガラ竿遺跡　徳之島（鹿児島県伊仙町）に所在する旧石器時代の開地遺跡。マージ層と呼ばれる旧石器時代の土層から磨石が出土した。

*天城遺跡　徳之島（鹿児島県伊仙町）に所在する旧石器時代の開地遺跡。本州系の台形様石器石器群が発見され、二〇一八年に再調査が行われている。

第二章 列島独自の旧石器文化

環状集落と局部磨製石斧

環状集落

古本州島には、世界的に類例をほとんど見ることができない、日本の旧石器時代に独特の文化要素がある。環状集落《かんじょう》・局部磨製石斧《きょくぶませいせきふ》・陥し穴《おとあな》の三者はこれらを代表し、いずれも旧石器時代前半期の所産である。

列島の旧石器時代の遺跡の多くは、直径数メートルの石器集中地点（ブロック）がいくつかまとまって出土することで、構成されている。このうち古本州島で発見される大規模な遺跡のなかには、複数のブロックが径一〇から六〇メートル程度の環状に分布する環状ブロック群（「環状ユニット」と呼ばれることもある）がしばしば発見されている。

旧石器時代前半期前葉に限って出現し、ブロック間で石器の接合関係が顕著であることから、時間を違えて累積したのではなく、短い時間幅のなかで一時に形成されたと考えられる。したがって、環状ブロック群（以降、環状集落と呼ぶ）は、当時の集団が残した集落の痕跡であり、列島の後期旧石器時代成立期の社会関係を分析するうえで、きわめて重要な遺構とみなされた。

環状集落は、その可能性のあるものを含めると、一一八遺跡から一四六例が現在報告され

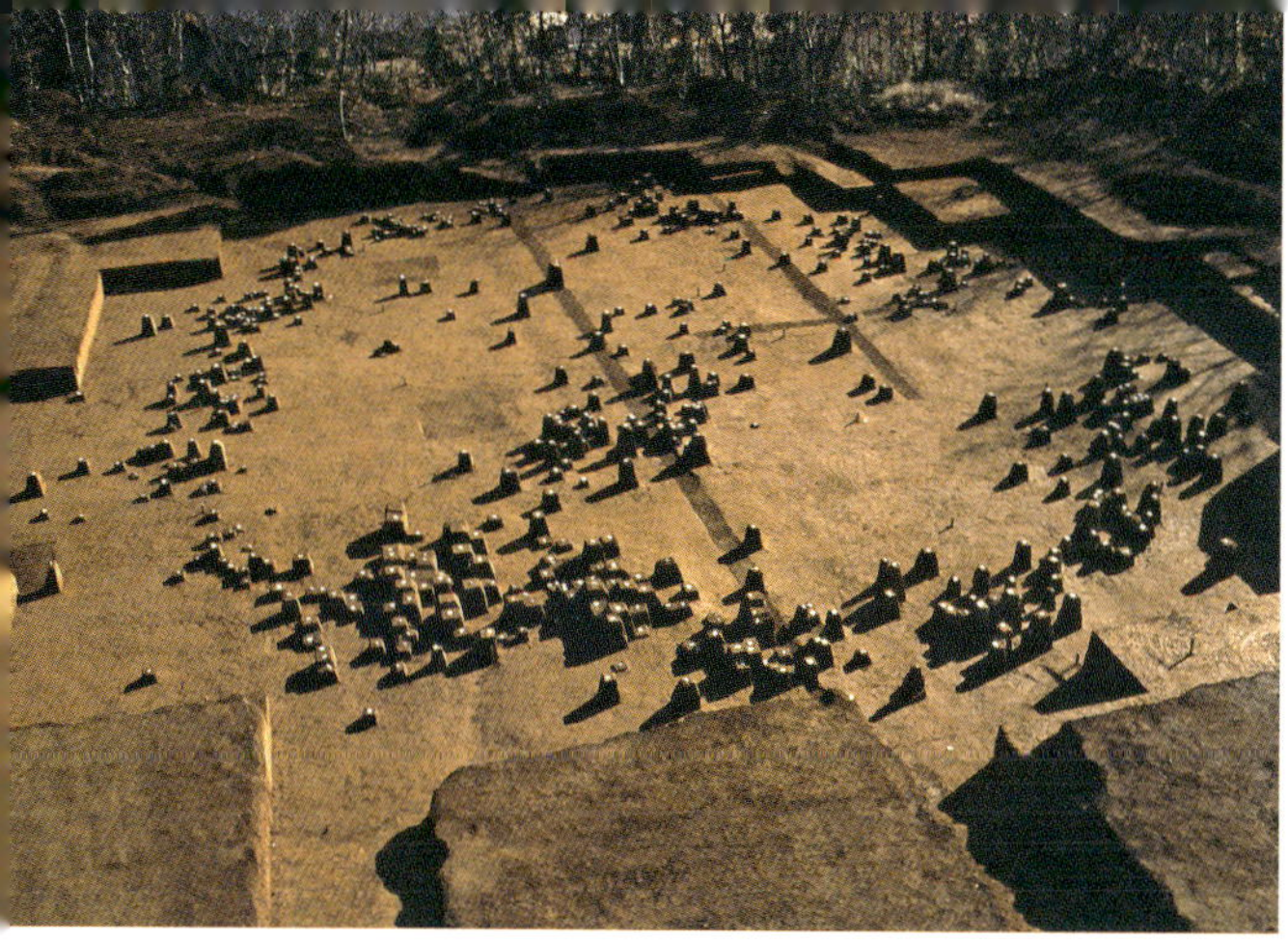

環状ブロック　径40メートルの範囲に石器ブロックが円形に分布する。千葉県四街道市、池花南遺跡。

ているので、当該期における特殊な存在ではなく、大規模遺跡の一形態であると考えられる。とくに関東地方南部の台地上に集中しており、長野県・静岡県から秋田県にかけての東北日本に多く認められている。

かつて環状集落の成因として、大型獣狩猟のために周辺にいた複数の集団が集結して狩猟を行う狩猟キャンプであるとする仮説が提示されていたが、古本州島における大型動物の絶滅はLGM中の二・五万年前であり、絶滅するはるか以前の一時期にしか環状集落は存在しなかったので、形成要因の説明としては不十分であると考えられる。次ページ以下で述べるようにむしろ社会的背景を考察すべきであろう。

後期旧石器時代以前（中期旧石器時代）の遺跡は非常に数が少なく、石器の材料調達に便利な山地や丘陵を主として選んでいたので、この時期の人びとは近距離移動と狭い生業行動圏を有していたと考えられる。

ところが後期旧石器時代になると、生活空間は低平な台地部に移行した。台地部は大型獣狩猟に便利であり、人口の増大と移動範囲の広域化を招いたため、資源利用をめぐる集団間の社会的、生態的な緊張関係が増していった。その

石井礼子画：環状集落復元イメージ　環状集落の生活を復元した想像図。千葉県酒々井町、墨古沢遺跡。

社会的リスクを軽減させるため、通常は分散して生活を送っていた集団の、定期的な集合による同盟関係の強化・確認を図る場として、環状集落が利用されたと考えられる。

大型動物狩猟のために頻繁に移動する遊動生活をおくっていた当時の狩猟民の生活を考えると、環状集落が年間をつうじて維持されていたとは考えにくい。近現代の狩猟採集民の事例を安易に適用することは慎まなければならないが、温帯や亜寒帯の現生狩猟採集民は、遊動型や定着型の区別を超えて一般に冬季に集住する傾向が認められる。

狩猟活動は年間をつうじて行われるが、それ以外の生業活動は、冬季においては、低調か、ほとんど行われていない。むしろ春から秋にかけて、多様な生業活動に従事するため分散して生活していた集団が、冬季に集まって相互訪問・祭り・婚姻などの集団間の紐帯《ちゅうたい》を確認するための社会的行為を遂行することが多く報告されている。

ＬＧＭ（ＭＩＳ ２）に比して相対的に温暖であったと推定されているＭＩＳ ３後半の段階であっても、基本的に氷期であった後期旧石器時代前半期の自然環境から推定すると、当時の集団は、冬季に石材産地である山岳部に積極的に関与したとは考えにくい。したがって、春から秋にかけて広域に移動していたとしても、冬季には相対的に縮小した範囲を遊動する行動戦略を採用していたのであろう。環状集落は、冬季を中心とした時期に、民族誌にみら

一か所を除いて多くは、中期旧石器時代または中期／後期旧石器時代移行期に属する。

れる行動と類似した目的で形成された季節的集落（冬村）であった。

環状集落は、前半期後葉には消滅した。この時期は、LGMに向かってしだいに寒冷化が進行するとともに、遺跡数が増大した。これは人口がさらに増え、集落も増加したことを意味するが、人口増大によって、居住地間のネットワークが安定して形成された可能性が高く、そのため大規模な村をつくる必要がなくなったのであろう。

環状集落が発達した前半期前葉の石器群構造は、台形様《だいけいよう》石器群と基部加工尖頭形《せんとうけい》石器群の二つからなる二極構造であった。通常の遺跡では、前者からなる遺跡が多く、後者の遺跡は相対的に少ないが、環状集落の多くは、両者を同時に保有している。さらに局部磨製石斧が複数ともなうことも、環状集落の特徴のひとつである。

局部磨製石斧

バチ形の打製石斧の刃部《じんぶ》だけを研磨《けんま》した局部磨製石斧は、日本列島の旧石器文化を代表する独特の石器である。打製石斧自体、世界の旧石器時代にはめずらしいが、それでも森林環境が卓越していた東南アジアなどの南方では認められる。しかしながら旧石器時代前半期の局部磨製石斧は、北オーストラリアに類例が認められる以外は発見例がない。韓国などの周辺大陸で発見されている局部磨製石斧は、後期旧石器時代末期のもので、列島の前半期例とは関係がないと考えられている。

局部磨製石斧は、旧石器時代前半期前葉の古本州島を中心に、現在九〇〇例程度の出土が報告されている。* 実験使用痕分析の結果、一部は皮製品の加工に供されたものの、多くは木

局部磨製石斧　東京都小平市、鈴木遺跡出土。

＊実験使用痕分析　復元された石器を用いて切る、刺す、掻き取るなどの動作実験を繰り返し、形成された使用痕跡と実際の石器の使用痕跡を比較して、その石器の用途や機能を推定する研究法。使用痕跡の観察には顕微鏡を用いることが多い。

製資料の加工痕によって占められているため、木の伐採や木製品の加工用の道具として使用されたと考えられる。

局部磨製石斧は完形の個体が単独で出土するばかりではなく、使用の過程で破損した状態を示す石斧も多く出土し、しばしば製作や補修の過程を示す剥片などの残滓《ざんし》を同時にともなうことから、少なくとも素材からの石斧の製作と、それ以上に石斧の補修加工が繰り返し行われていたと、みなすことができる。

この局部磨製石斧に特徴的によくみられる、はげしい変形過程は、同石器が重作業用であったことを示唆しており、カッティングのような作業ではなく、主としてハードワークが行われていたことを強く暗示する。

貫ノ木遺跡・日向林Ｂ遺跡（いずれも長野県信濃町）出土の局部磨製石斧と石斧研磨用の砥石や台形様石器　砥石の研磨面の形と幅は石斧にピタリとあう。台形様石器は小型の狩猟具。

＊グラベット文化　後期旧石器時代中葉（三・四万〜二・五万年前）のユーラシア北部の草原や疎林に展開した文化

おそらく、基部加工尖頭形石器や台形様石器などの尖頭部を取り付けるための、狩猟用木質柄の胴部や掘り棒などの植物質食糧獲得具（土掘り具）、さらに当時の住居と推定されるテント状住居の柱材などの加工を行っていた可能性が高いと推定している。またこれら部材の獲得を意図した小木の伐採にも使用されていたであろう。

古北海道半島を除く列島の後期旧石器時代前半期前葉においては、狩猟具としての骨角器《こっかくき》生産は、それほど行われていなかったのではないかと考えられる。一般に、シベリアなどの北方ユーラシアの石刃石器群には、東方*グラベット文化の系統に属する石器群を除いては、石刃製狩猟具の発達は弱く、いっぽう彫器《ちょうき》・削器《さっき》・掻器《そうき》類はよく発達し、形態も安定することが多い。骨角器の出土例も多い。さらに後期旧石器時代の早い段階から、細石刃《さいせきじん》技術が出現している。

こうした特徴からみて、これらの石器群を保有する集団は、骨角製の狩猟具（または骨角製の植刃槍《しょくじんやり》）にかなり依存していた可能性が想定できる。

この様相は、古北海道半島の細石刃

■ 局部磨製石斧の全国分布

(Tsutsumi 2012 より)

で、マンモスやウマなどの大型獣狩猟に適応した集団によって、西ヨーロッパから南シベリアまで広く分布していた。マンモス骨を用いた住居や豊かな装飾品をもつ墓、ヴィーナス像などで著名。

環境にあったであろう。

いっぽう、これらの地域の南に位置する古本州島では森林が卓越していた。環状集落にみられる基部加工尖頭形石器や台形様石器は、石製の狩猟具であった。こうした狩猟具に共通してみられる技術的特徴は、薄手でねじれのない素材の基部になんらかの加工を加えることにあり、着柄《ちゃくへい》のための技術的適応と見なすことができる。

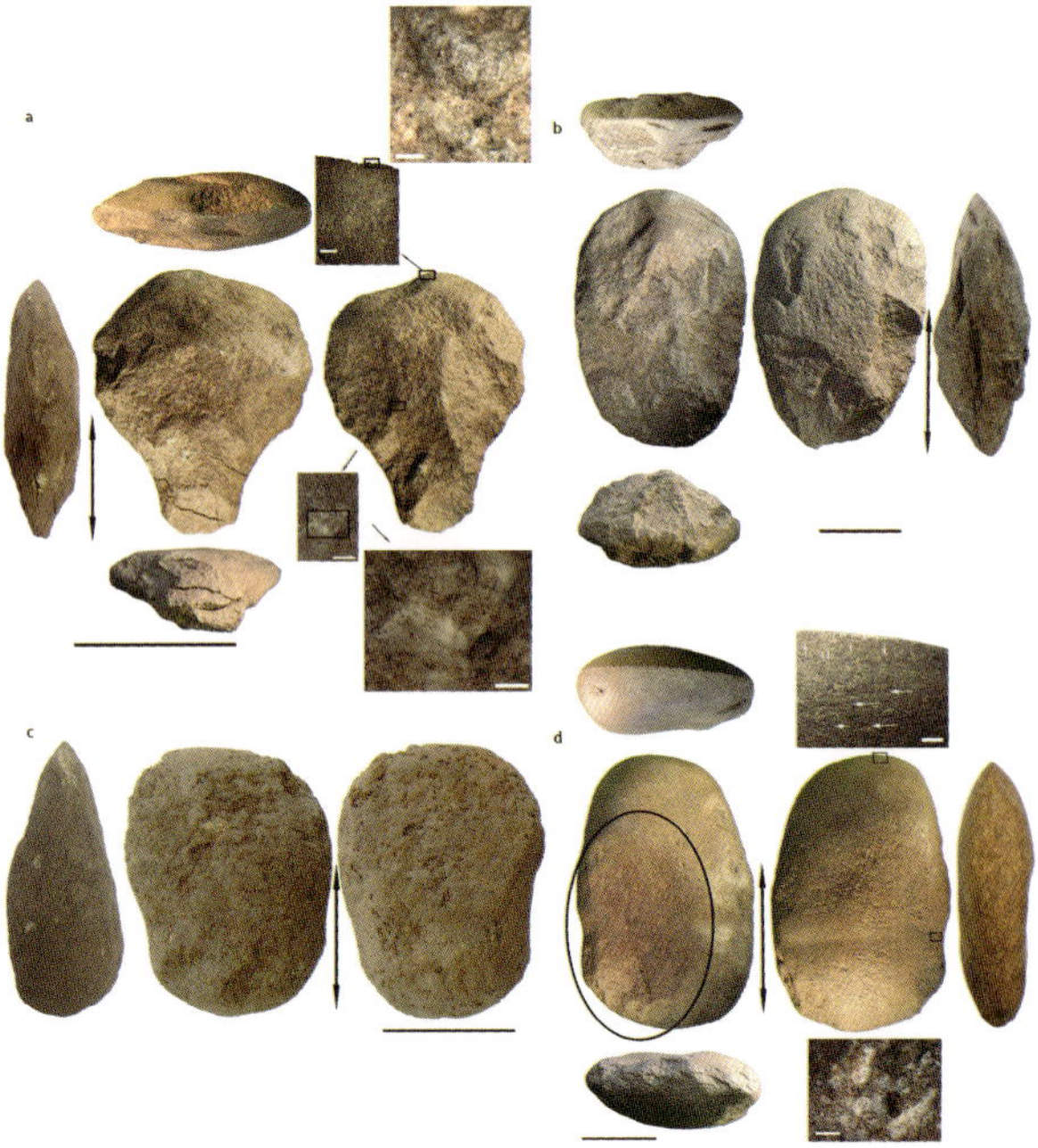

オーストラリアの局部磨製石斧　北オーストラリアのマジェドベベ洞窟遺跡から出土した局部磨製石斧。

石器群集団にも共通しており、古本州島以南と比較した場合、異例なほど形態分化を遂げた彫器・削器・掻器類の発達が認められるが、これらの石器類は、骨角器生産に適応した道具の組み合わせを示していると考えられる。

これらの石器群が発達した地域は、更新世《こうしんせい》においては疎《そ》林《りん》・ステップ植生が支配的であった可能性が高く、相対的に木材資源に乏しい

ハンター　投槍器を使って槍を投げるハンターの想像図。石器の基部に加工を加えて柄に取り付けることで、槍を遠くまで正確に投げることができるようになった。

こうした加工は後期旧石器時代以前の石器にはみられないため、後期旧石器時代にいたって、本格的な着柄技術が登場したものと考えられる。強固な着柄による組み合わせ道具の出現は、狩猟具に加えられた画期的な革新であり、おそらく突き槍から投げ槍への狩猟具の変化を意味しよう。この革新によって効果的な大型動物狩猟がはじめて可能になった。

局部磨製石斧は、LGM以前に消滅した。寒冷化の進行により森林資源が減少し、同時に大型獣狩猟に適応した広域移動生活が強化されたことが、原因のひとつと推定されている。

後期細石刃石器群の彫器（下）と掻器（上）　使用痕分析により、これらの石器が骨牙の彫刻や皮なめしなどの特定の機能とよく結びついていることがわかった。北海道北見市、吉井沢遺跡出土。

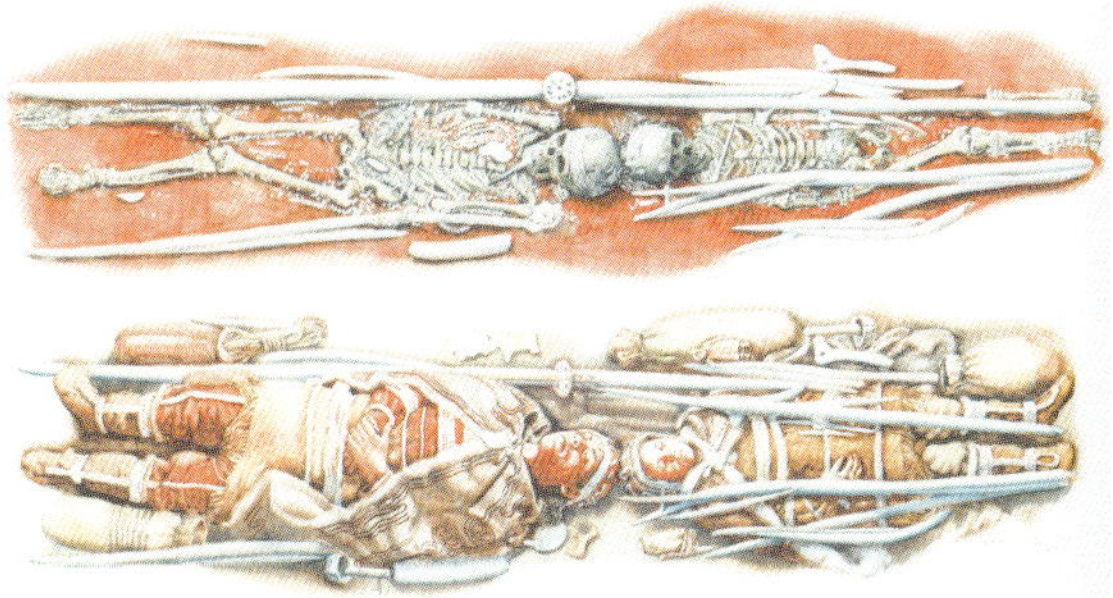

スンギル墓復元図　少年と少女が頭をつけて埋葬されている。副葬品は、180 センチを超えるまっすぐに伸ばした牙 (マンモスの曲がった牙は水に浸すと柔らかくなり、伸ばしやすい) や、シカの枝角に多くの穴があけられたものなど、非常に多い。2.9 ～ 2.6 万年前万年前。ロシア、スンギル遺跡。

世界最古の陥し穴猟

罠猟としての陥し穴の利用

陥《おと》し穴《あな》を使った狩猟は、熱帯から寒帯まで世界じゅうの狩猟民のあいだで普遍的に行われてきた。日本列島では、後期旧石器時代の初めから縄文・弥生・古墳時代はもちろん、古代・中世・近世・近代をつうじて、陥し穴は間断なく使われており、富士山麓などの一部の地域では、戦後まで使用されていたことがわかっている。

その多くは罠《わな》として機能したが、極北や亜寒帯のトナカイ狩猟民などのあいだでは、数キロメートル以上にわたる長大な誘導施設（柵《さく》列や石積《いしづみ》列など）の末端に、大規模な「穴」を設けて獣群を追い込む猟も行われていた。そのため旧石器時代や縄文時代に列状に配置された陥し穴群が追い込み猟の所産なのではないかとする議論が行われていたが、北方狩猟民が使用した陥し穴は獣群を追い込む先なので、穴というよりむしろ大規模な窪《くぼ》みであり、円形・楕円形・長方形（長軸二メートル、深さ一・五メートル程度）を呈する列島の陥し穴とは形態的に大きく異なるなどの理由により、罠と考えるのが合理的である。

列島先史時代の陥し穴の研究は、縄文時代の陥し穴研究からはじまった。縄文時代の陥し

ガナサンのトナカイ追い込み猟　シベリア北部のツンドラ地帯では、トナカイの巨大な群れが季節移動する。数十キロメートルに及ぶ石積の列を作り、最後はトナカイの群れを崖下に追い込む。

穴は単独で仕掛けられることはほとんどなく、緩斜面や沢の形成が開始される場所（源頭部）付近などに数基が組み合わされる（組配置・丘陵型、縄文時代前半期に多い）か、あるいは台地や段丘などの平坦地や広い緩斜面などに、列をなして配置される（列配置・段丘型、同後半期に多い）のが一般的であるため、こうした特徴を共有する旧石器時代の土坑《どこう》群は、陥し穴であると考えることができる。

列島の後期旧石器時代にみられるこのような陥し穴群は、縄文時代の陥し穴が列島全域で継続的に認められるのとは異なり、特定の時期と地域に限って出現することに大きな特徴がある。

陥し穴の分布と時期的変遷

世界的に存在が確認されている陥し穴は、いまのところ、旧石器時代の例は日本列島だけである。集落とは離れた地域に設置されることの多い陥し穴の検出は、集落や城塞《じょうさい》・墳墓《ふんぼ》などの発掘が主体を占める世界の考古学調査では発見がむずかしい。

シカ垣図　アイヌのシカの追い込み猟。追い込んだ先には毒矢をつけた自動弓アマクーが仕掛けられている。幕末の探検家松浦武四郎が記録した（松浦武四郎著・秋葉実編『松浦武四郎選集』二より）。

■日本列島における旧石器時代の陥し穴の分布

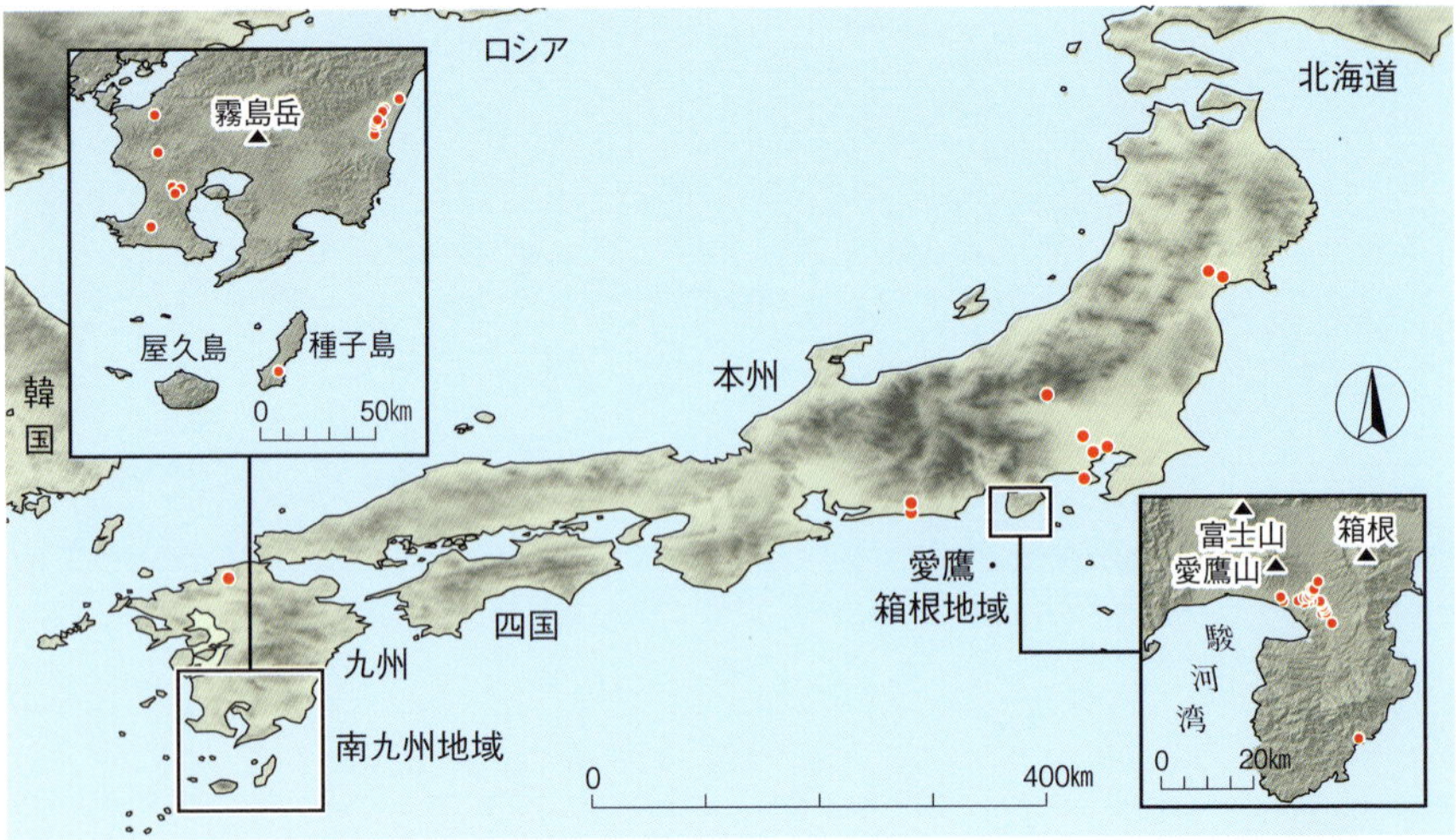

陥し穴は愛鷹・箱根と南九州のふたつの地域で集中的に製作・利用された。これらの地域は古本州島にはほとんどない常緑・落葉広葉樹林帯に一致している。

近年ヨーロッパなどの地域でしだいに先史時代の陥し穴の調査例が報告されはじめているが、それでも中石器時代*例が最古であるので、三万年前を遡る列島の陥し穴猟は、きわめて重要な研究成果を提供している。

日本列島で確認された旧石器時代の陥し穴は、現在約五〇遺跡から総数四〇〇基程度が知られている。東北中部、関東～中部地方南部と南島を含む南九州地方の三地域に別れて分布の集中が確認されるが、東北中部と関東では一遺跡あたりの検出数が一基ないし少数基に留まるのに対して、神奈川県南部～静岡県東部にかけての地域と九州南部では、一遺跡から複数基まとまって検出される例が多い。

とくに静岡県や神奈川県南部では一〇基以上検出される遺跡が多く、最大

＊中石器時代　旧石器時代が終わり農耕が開始されるまでの間の時代のこと。かつては世界的な時代区分とみなされていたが、旧石器時代から新石器時代への移行が複雑であることがわかると、しだいに用いなくなり、現在ではヨーロッパからシベリアにかけての地域で主に使用されている。

級の静岡県*初音《はつね》ヶ《が》原《はら》遺跡では、総数六〇基以上発見されている。また南九州の細石刃《さいせきじん》期では、一〇基以上検出される遺跡例が近年増加している。

現在のところ、日本列島最古の陥し穴は、鹿児島県種《た》子島《ねがしま》の*大津《おおつ》保畑《ぼばたけ》（立切）遺跡で確認された、後期旧石器時代前半期前葉の円形陥し穴（直径一メートル、深さ一・五メートル程度）である。形態と規模は、愛鷹山麓《あしたかさんろく》の遺跡や神奈川県横須賀市*船久《ふなく》保《ぼ》遺跡などの、第Ⅲ黒色帯期（三・三〜三・一五万年前）の円形陥し穴とよく類似する。しかしながら南島と静岡東部・神奈川南端という遠く離れた地理的関係にありながら、型式学的連続性はよく保たれているといえる。

ただし、陥し穴の配置法は異なり、種子島の陥し穴は、現況による限り、小規模な沢状地形の源頭部付近の凹地の周辺に群集する傾向（組配置）が認められる。陥し穴は三・五万年前に降下した種Ⅳ《たねよん》火山灰に覆われて発見されているため、愛鷹・箱根山麓例よりは確実に古い。

時期的にこれに続くのが、愛鷹・箱根山麓・伊豆半島・三浦半島といった静岡東部〜神奈川南端の第Ⅲ黒色帯期に検出されている円形の陥

陥し穴の列状分布　陥し穴が列をなして分布しているようすがよくわかる。静岡県長泉町、富士石遺跡。

＊初音ヶ原遺跡　静岡県三島市に所在。六〇基以上の陥し穴が四つの列をなして発見されており、もっとも長い列では一〇〇メートル以上だったことが判明した。

＊大津保畑（立切）遺跡　鹿児島県中種子町に所在。鹿児島県立埋蔵文化財センターによって発掘調査が行われた。調査当時は大津保畑遺跡と立切遺跡という隣接するふたつの遺跡に分けられていたが、のち立切遺跡に統合された。

＊船久保遺跡　三浦半島南端（神奈川県横須賀市）の台地上に立地する。列状配置を呈する第Ⅲ黒色帯期の円形陥し穴群の上位から、方形陥し穴の列状配置が確認されており、はじめてひとつの遺跡で二つのタイプの陥し穴が、層位的に検出された重要な遺跡である。

日本列島最古の陥し穴の断面　鹿児島県中種子町、大津保畑遺跡（現、立切遺跡）。

■旧石器時代前半期前葉から後葉にかけての陥し穴の形態変化

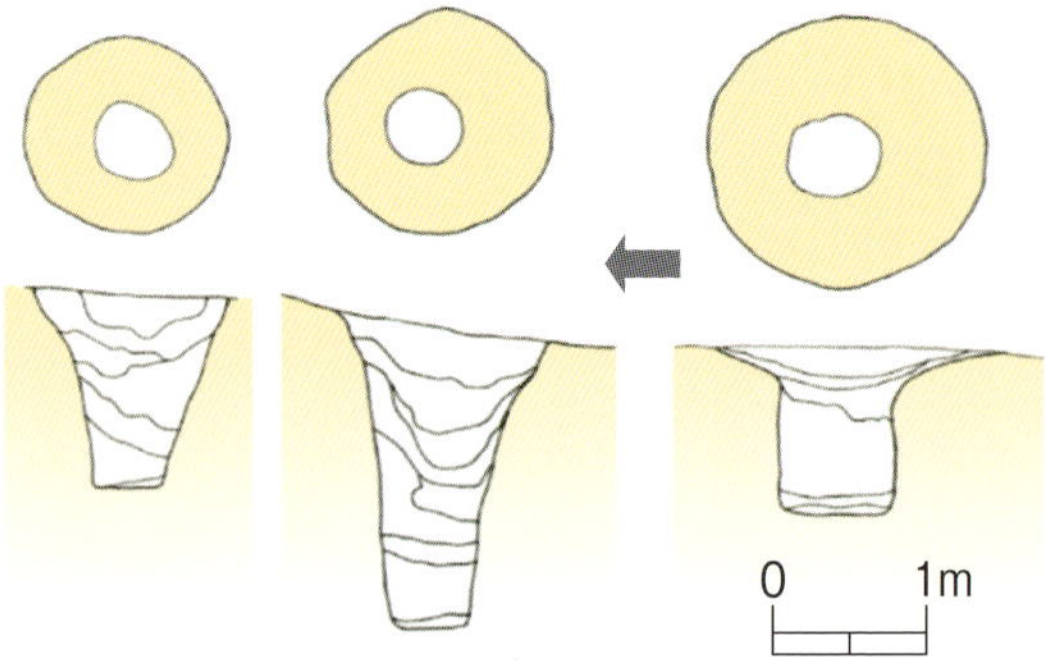

右：大津保畑遺跡（種子島）、左：愛鷹・箱根地域の陥し穴（静岡県東部）。

し穴群である。形態的な変異に乏しく斉一性が著しい。

組配置に加えて列配置も認められるようになり、初音ケ原遺跡では、六〇基以上の円形陥し穴が一〇〇メートル以上の長さにわたって、列状に配置されていた。陥し穴の規模からみて、大型動物を対象としたとは考えにくく、シカなどの中型獣

長方形の陥し穴　層位的に下位にある円形陥し穴よりも規模は小さい。神奈川県横須賀市、船久保遺跡。

が対象とされた可能性が高い。

前半期の陥し穴は、種子島と静岡東部～神奈川南端に分布が限られる円形陥し穴群だけが、従来知られていたが、最近船久保遺跡で、円形陥し穴群より層位的に上位から、小型の方形陥し穴群が新たに検出された。AT火山灰よりも下位から検出されているので、前半期に属すると考えられ、円形陥し穴同様、台地縁辺に列配置されている。

その後、陥し穴は検出例を大幅に減らしながらも継続して存在するが、ふたたび活性化するのは、後期旧石器時代末期（一・八～一・六万年前、細石刃期）の南九州となる。細石刃期の陥し穴は、縄文時代に一般的な円形・長円形・楕円形・長方形の各種形態が出そろい、しかもこれも縄文時代に広く出現する底部施設（逆茂木《さかもぎ》*の痕跡）がはじめて出現することで注目される。

逆茂木は、捕獲対象の動物の動きを止めて陥し穴に留めておくための装置であり、捕殺ではなく生《い》け捕《ど》りを狙ったことを意味している。動物の血が陥し穴に付着すると、その後の罠の効果を失わせてしまうからである。組配置が一般的なことと合わせて、縄文時代の前半期型陥し穴猟の基本構造がすでに出現していた。

これ以降、縄文時代草創期（一・六～一・一七万年前）にはいると、陥し穴はしだいに列島全域で活発に利用されるようになり、縄文時代早期（一・一七万～七〇〇〇年前）には縄文

＊逆茂木　陥し穴に落ちた動物の胴体や足に絡まり身動きを取れなくするために、枝や木を差し込んだ痕跡が認められる。

陥し穴の断面　底部に逆茂木が設置されている。旧石器時代末期（細石刃期）。鹿児島市、仁田尾遺跡。

時代前半の盛行期を迎えることになる。

南九州と静岡県東部から神奈川県南端といった地域に限定される、旧石器時代の陥し穴猟の主要分布地域は、古本州島南岸地域に張り付くように分布していた常緑樹・落葉広葉樹林帯とよく一致している。そして陥し穴猟の時期は、後期旧石器時代前半期に最初の盛行期があり、ＬＧＭおよびその前後の寒冷期に衰退することからみて、陥し穴猟は、植物資源の利用に有利な生態環境に適応した猟であったことがよくわかる。

植物資源の開発は定着的な生業であり、そのことからも陥し穴猟は、広大な草原などから成る狩猟域をもつ傾向が強い追い込み猟ではなく、森林のなかで発達した罠猟であったといえる。罠にかかった獲物の回収や罠本体の補修をたえず行わなければならない罠猟としての陥し穴猟の実行は、定着的な行動戦略を有した狩猟採集民によってはじめて開発・利用が可能であった。

カリブー罠猟　北アメリカではカリブー（トナカイ）の罠猟が行われた。輪罠（カリブーが首を入れると、角が引っかかって抜けられなくなる）を陥し穴に代えたものが陥し穴猟であったと考えられる。

第四章　社会と生活

人類史と狩猟

人類化と肉食

人類は七〇〇万年前のアフリカで誕生した。初期人類の食性は果実や植物食が主体であったと考えられているが、人類の定義が「直立二足歩行」という運動様式に適応した身体構造にあることから、樹上と陸上という二つの生態系に適応することで、人類は誕生した。

長いあいだ人類は、自然の木や石を使用してきたため、人工的な道具の製作を行わなかったが、二五〇万年前に最古のホモ属（原人）が出現すると同時に、最古の石器（オルドワン）が製作された。

ホモ属の身体構造には、二つの重大な変化が認められる。先行人類である猿人の身体構造は、主食であった植物食糧の消化に適応した長大な消化器官を収納するため胴体が三角形をなしていたが、それが縮小して四肢が長くなり、今日の身体構造に近くなった。これは陸上での二足移動に身体的に適応したためと考えられる。

第二に、大脳の巨大化の開始である。ホモ属は陸上での食糧資源開発、すなわち肉食へとしだいに行動戦略を移行した。植物採集とは異なり、動物資源の開発のためには集団での協力関係を強化していかねばならない。そのためには大脳の発達が要求されたが、直立二足歩

人類の進化系統図と考古学編年

（佐野勝宏「旧石器時代」『日本考古学・最前線』より）

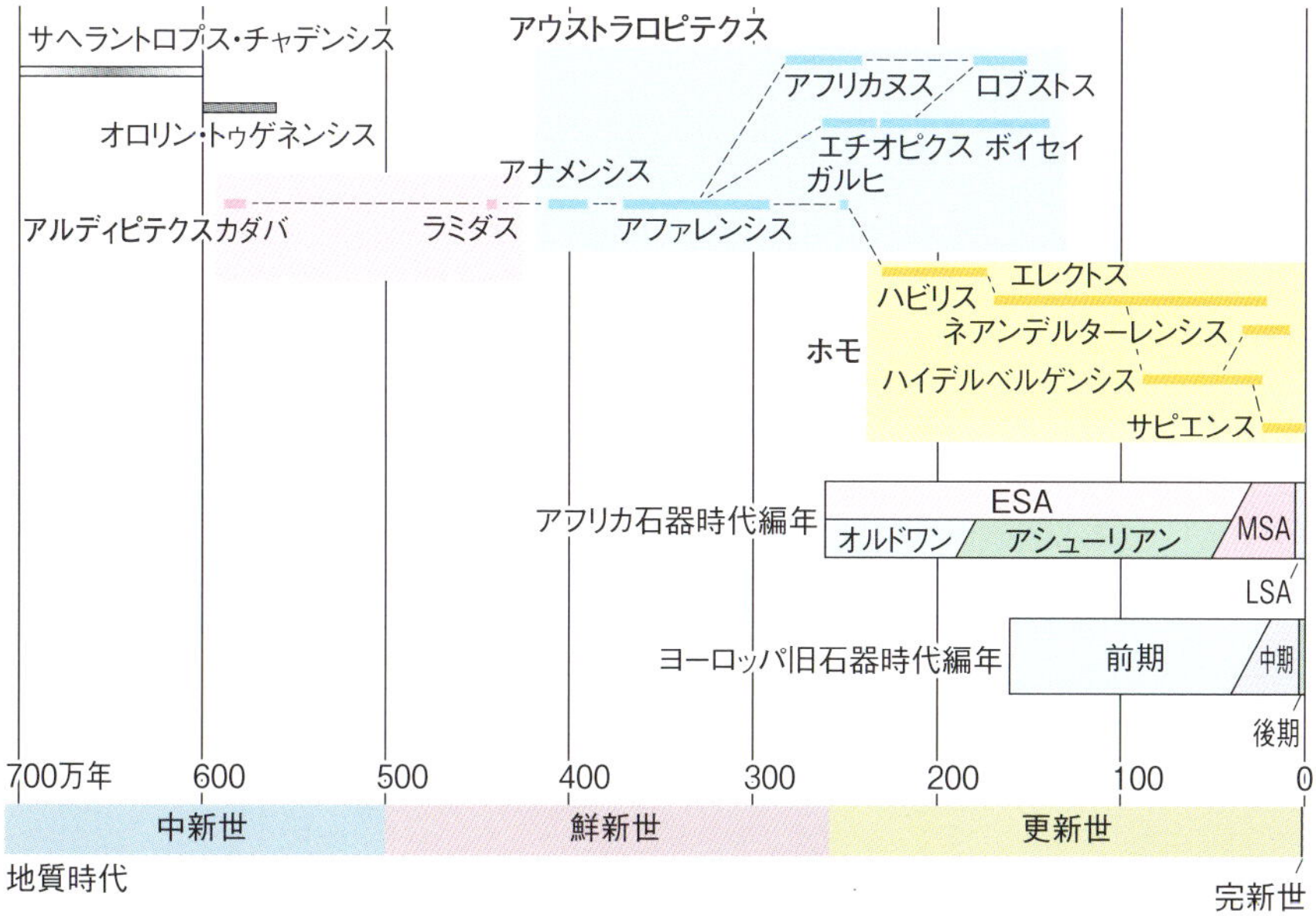

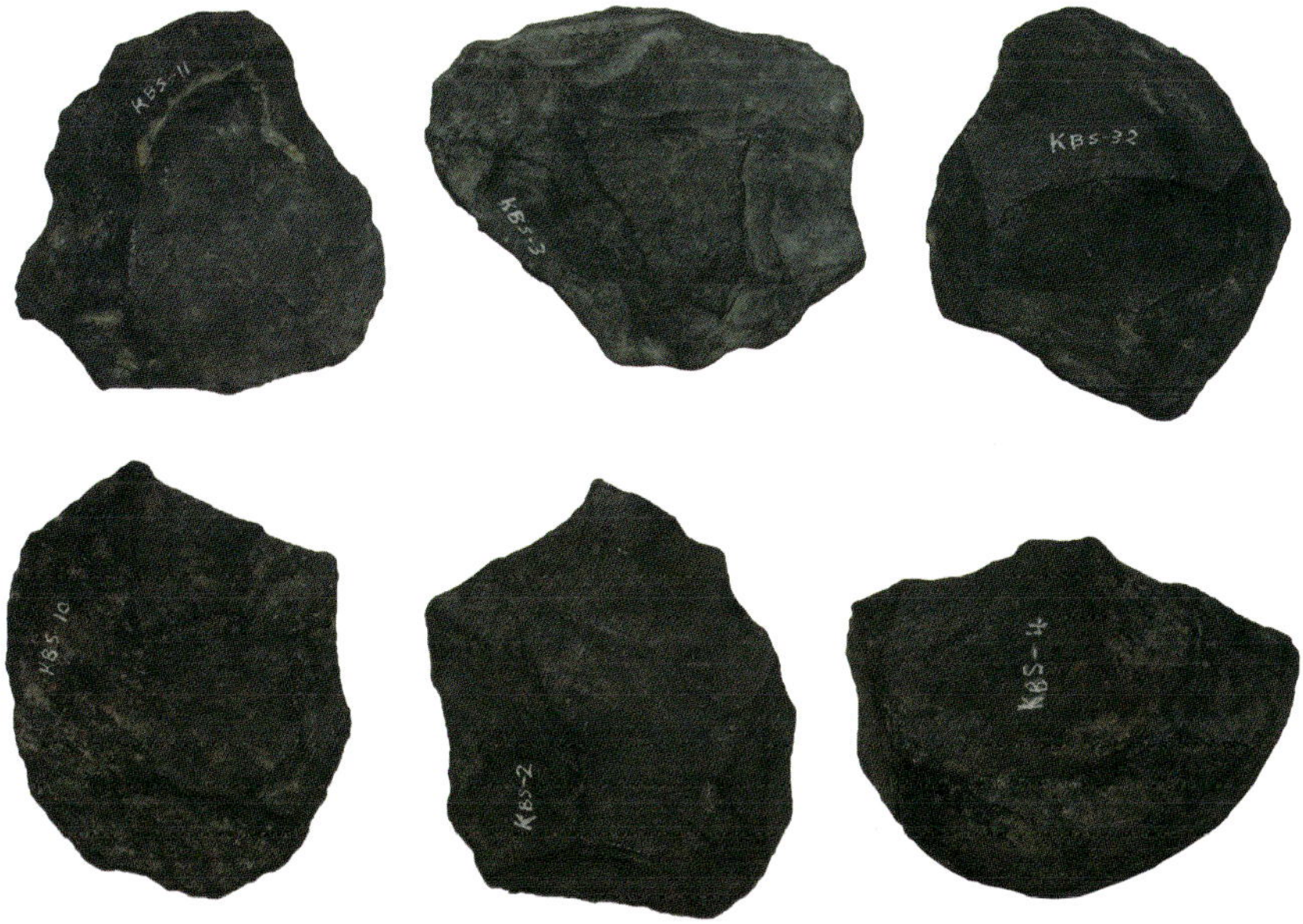

オルドワンの石器　クービ・フォラ KBS 遺跡（東アフリカ、タンザニア）採集　モノを切ったりすることを含め多用途の石器であった。

■ヒトの進化と大脳の巨大化の関係

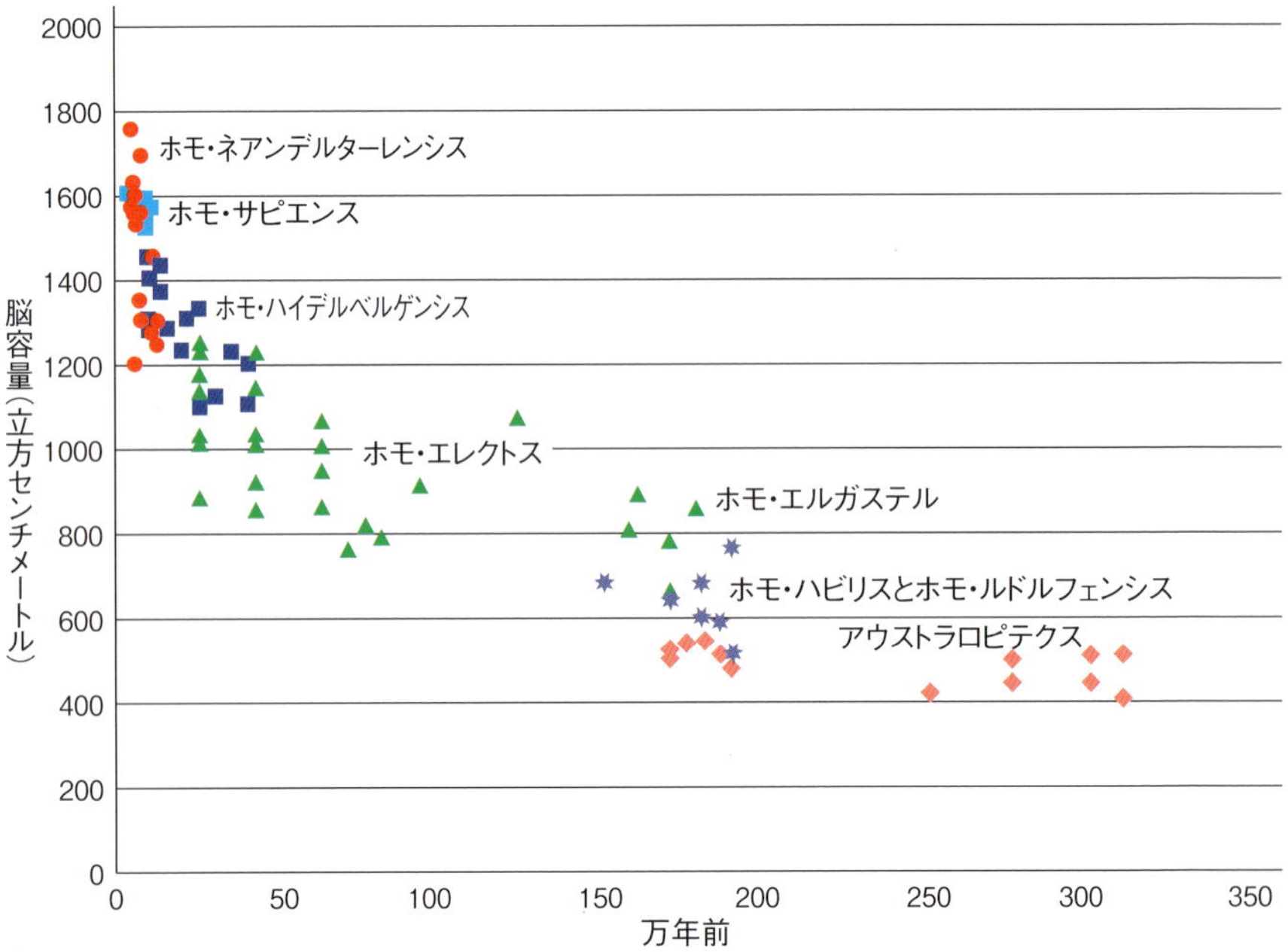

行という運動様式をもつ人類だけが、巨大化する脳を身体で支持することができた。

そもそも大脳は、基礎代謝の四割を消費する器官であるため、大脳を維持するためには肉食が効果的である。巨大化した大脳をそれまでの植物食だけで維持しようとすると、一日の大半を摂食《せっしょく》にあてねばならない。

ただし大脳の巨大化は、大きな大脳をもつ産児の産道通過を困難にするという新たな問題を生じさせた。そのため人類は、ネオテニーという生物一般にみられる身体構造の変化で、この問題に対応した。ネオテニーは幼形成熟のこと

アシューリアンのハンドアックス　カザフスタン、ムゴリジャレ遺跡出土。

■ホームベース戦略

ホームベース戦略の採用が家族という単位の確立を促し、それが人類社会の起源になったと考えられた。

であり、簡単にいえば、そのままでは生存できない「未熟児」として新生児を出産することである。

二足歩行を維持するためには、産道の拡大はむずかしいため、人類は「未熟児」を出産することで産道通過の難題を克服した。

通常、哺乳類《ほにゅうるい》の新生児は、出産後ただちにみずから「動く」（＝立ち上がる）ことができるが、人の新生児はそうではなく、他個体による介助が必須となる。巨大な大脳を獲得したホモ属は、少なくとも最低一年間にわたり母親や他個体による授乳その他のつきっきりの育児が必須となった。このためホモ属は、危険な狩猟やスカベンジング（腐肉あさり）を男性を中心とした集団が行い、女性・子供は別の安全な拠点に居住するというホームベース戦略を採用することとなったと考えられている。

ホームベース戦略は、資源利用効率を増大させ、弱小個体の捕食危機や育児コストを回避することができた。人類は肉食比率の増大にともない大脳を巨大化させることで、狩猟技術や行動の進化と身体構造の変化までも可能としてきたが、この進化の方向性を究極まで推し進め

ルヴァロワ技法で作られた石核（右、カザフスタン採集）と石器（左、南ロシア・アルタイ、デニソワ洞窟出土）。

たのが現生人類である。当初スカベンジングを主体とした狩猟はしだいに積極的狩猟に変化し、やがて集団による大型動物狩猟にまで到達したのである。

現生人類型行動と狩猟技術

狩猟は、人類化に根本的な影響を与えた。長いあいだアフリカの生態系に適応してきた初期人類は、二〇〇～一八〇万年前ごろになると、はじめてアフリカの外に進出することに成功した（第一次出アフリカ）。

オルドワン（礫器・剥片石器群）ないし前期アシューリアン（粗雑なハンドアックス石器群）を携えた初期人類は、当初故郷の自然環境にちかいユーラシアの熱帯から温帯に進出したが、まだ本格的な石製狩猟具を開発していなかった。おそらくドイツのシェーニンゲン遺跡*などで発見されているような木製の槍などが狩猟具であったのであろう。

本格的な石製狩猟具は、ヨーロッパやシベリア西部で活躍

*シェーニンゲン遺跡　北部ドイツの前期旧石器時代の遺跡。太古の湖のほとりに形成されており、木製の槍でウマを狩猟したと考えられている。木製の槍は複数出土しており、数メートルの長さがあり、先端だけをとがらせたあとに、焼いて固くしている。三〇万年前ごろの世界最古の木製槍のひとつと考えられている。

中期旧石器時代の木槍　先端を石器で削って尖らせたのち、焼き固めて製作した。ドイツ、レーリンゲン遺跡出土

■アフリカで見られた現生人類型行動の進化

（海部陽介　『人類がたどってきた道』より）

新しい行動		推定される開始年代
貝の採取	水産資源活用	14万年前
漁	水産資源活用	11万年前*
石刃	新しい道具技術	28万年前
すり石	新しい道具技術	28万年前
丹念に整形された尖頭器	新しい道具技術	25万年前
骨器	新しい道具技術	10万年前
かえしのついた尖頭器	新しい道具技術	10万年前
細石器	新しい道具技術	7万年前
長距離交易	社会組織の変化	14万年前
顔料の使用	シンボル操作	28万年前
ビーズ	シンボル操作	6万年前**
線刻	シンボル操作	10万年前
画像	シンボル操作	4万年前

＊　ブロンボス遺跡の新しい証拠では、14万年前まで遡る。
＊＊　ブロンボス遺跡の新しい証拠では、7万5000年前まで遡る。

ネアンデルタール人と現生人類の交代が５～４万年前に急速におこったヨーロッパでは現生人類型行動は一挙に出現したと見なされたが、現生人類の出現地であるアフリカでは、現生人類型行動の出現は時間をかけて徐々に出現した。

していたネアンデルタール人が発明したムステリアン（中期旧石器時代）のルヴァロワ石器が*最初である（三〇万年前ごろ）。ネアンデルタール人は寒冷気候下で大型動物狩猟を実行していたが、骨角製狩猟具の本格的な開発には成功しなかった。ルヴァロワ技法は、石核の片面から、目的とする石器の素材となる剥片・石刃を剥離する技術であり、石器の製作に適切な素材剥片を比較的効率よく得ることができたが、それでも石材の消費ははげしかった。

そのため石器石材としてフリント*のような優良石材の産地の分布に行動範囲を規制されたので、石材消費の節約化が求められる広域移動戦略を採用するまでにはいたらなかった。

石器石材消費の節約化に成功したのは、現生人類である。現生人類出現以前の世界は、複数種の人類から構成されてきたが、現生人類が出現すると、世界は最終的にホモ・サピエンス一種となった。その成功の原因は、現生人類だけが達成した認知構造の革命にあると考えられている。この大脳のなかで行われた認知革命を現在直接証明することは困難なので、考

*ルヴァロワ石器　中期旧石器時代にネアンデルタール人が用いた石器。ルヴァロワ技法によって製作された素材を用いて削器や尖頭器などが作られた。104ページ参照。

*フリント　ヨーロッパ・西アジア・ロシアなどのユーラシアに広く分布する堆積岩で、先史時代に、優良な石器石材としてよく利用された。

古学的には現生人類型行動の確認によって行われている。

現生人類型行動には、多様な特徴が数え上げられている。遺跡がいちじるしく増加し、その内容もはるかに複雑になったので、飛躍的な人口増があった可能性が高く、人口密度が増した。そのため居住＝生計戦略が、いちじるしく計画的かつ組織的になり、同時に階層的な資源利用の領域が形成され、社会的ネットワークがつくられはじめた。壁画や彫像・装身具などの存在は、たしかな精神活動を示すとともに、複雑化した集団関係を調整するための

洞窟壁画　スペイン、アルタミラ洞窟の壁画

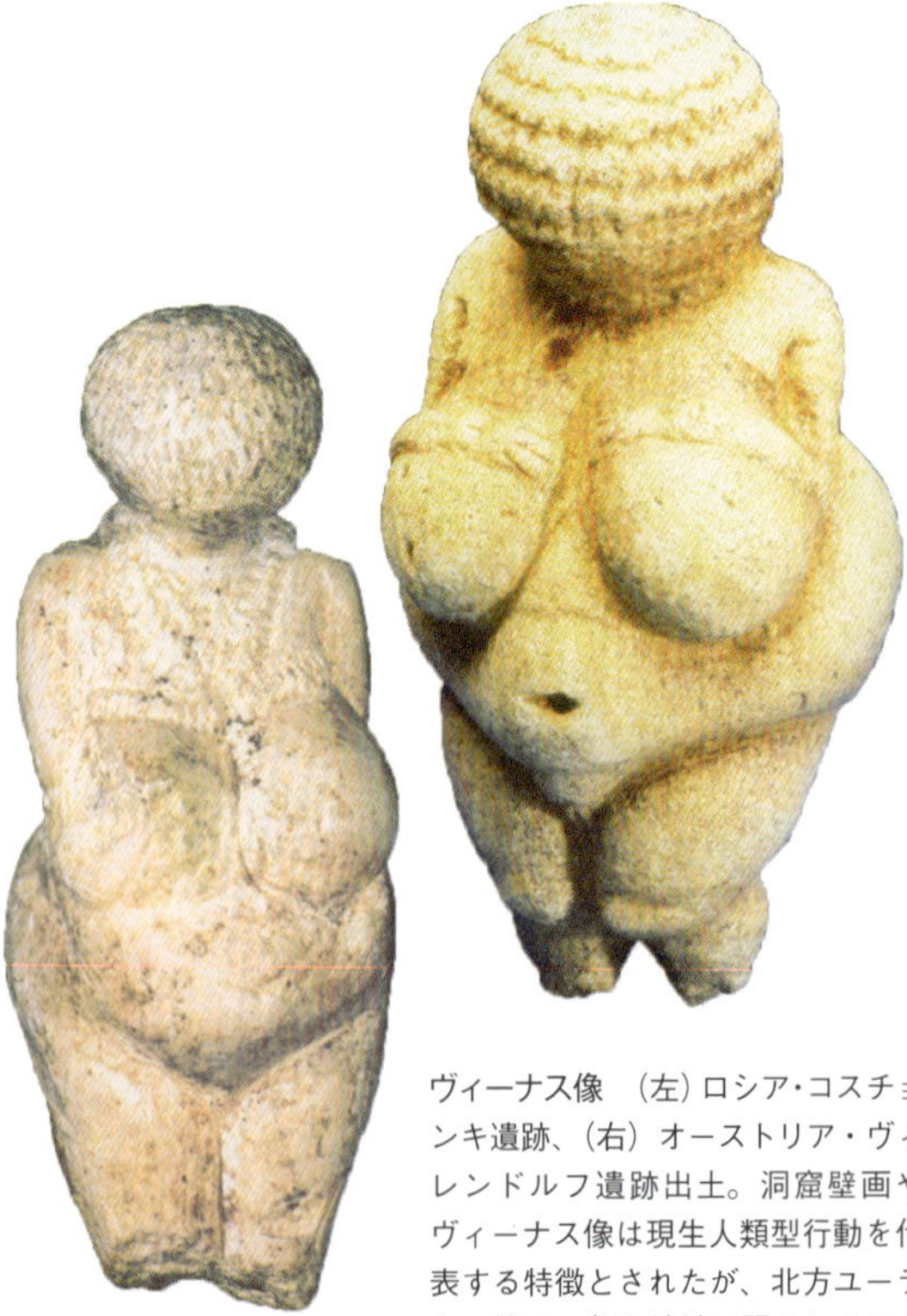

ヴィーナス像　(左) ロシア・コスチョンキ遺跡、(右) オーストリア・ヴィレンドルフ遺跡出土。洞窟壁画やヴィーナス像は現生人類型行動を代表する特徴とされたが、北方ユーラシア等の一部の地域に限られることがわかった。

集団的アイデンティティーを表現する手段であると考えられている。

それまでのネアンデルタール人の墓にはみられなかった豊富な副葬品の存在は、死後の世界観（神話）の誕生を意味するものと解釈された。そしてこれらの諸現象が出現する背景には、社会構成員間の意思・情報伝達を容易にする言語能力の発達と、過去や未来を予測し、周囲の自然を文化的、社会的な存在（景観）として認識させ、相手の心を推測する認知能力（心の理論）の獲得

（上）ルヴァロワ・ポイント（中期旧石器時代、シリア・ヤブルド洞窟遺跡出土）と（下）IUP（初期後期旧石器時代）の基部加工尖頭形石刃石器（カザフスタン・ウシュブラク遺跡出土）　基部に着柄のための加工を施した基部加工尖頭形石器が後期旧石器時代の初頭になると出現した。

ルヴァロワ技法の原理

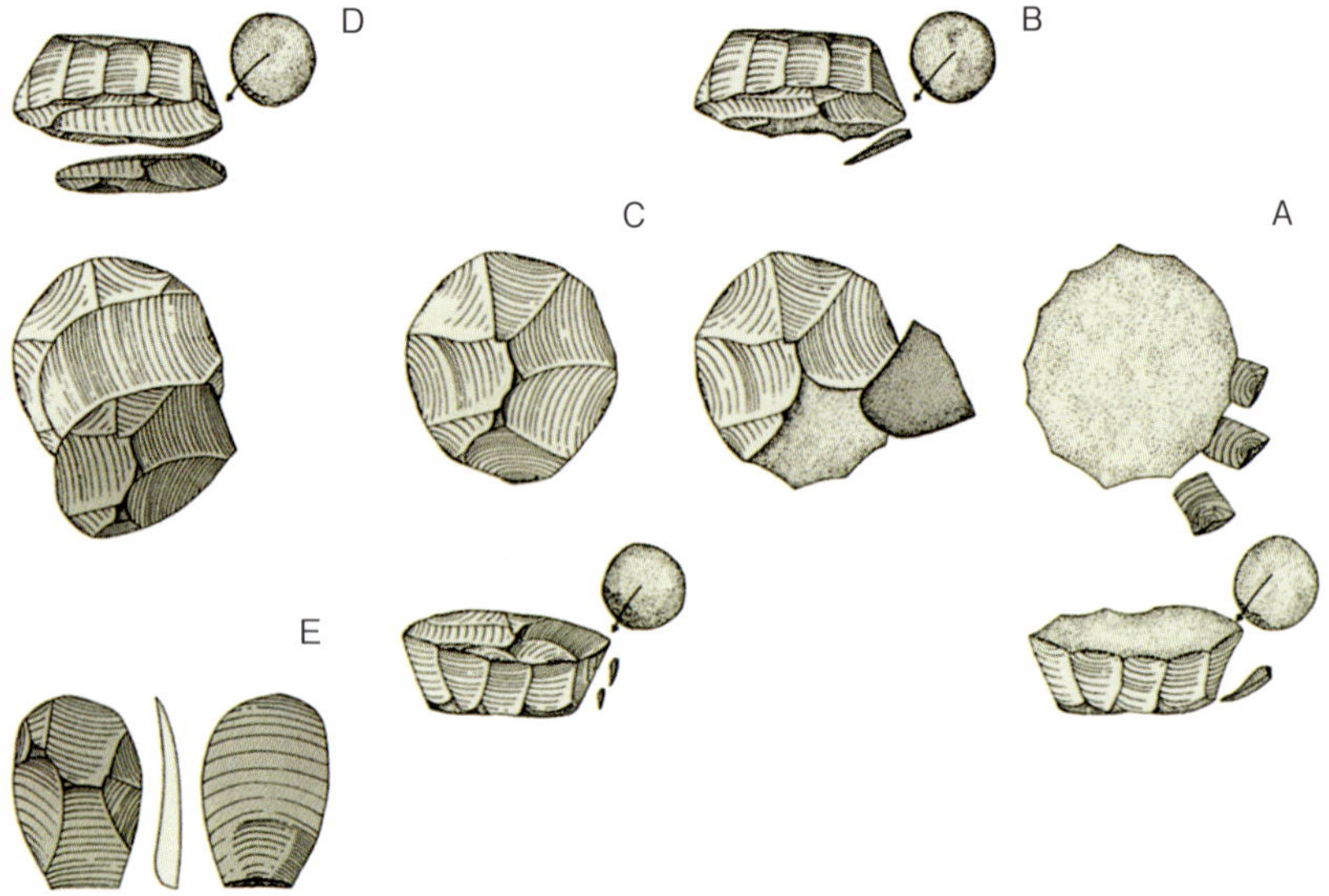

原石（ブランク）の周囲を調整して打面を作る（A）。 打面から片面に剥離を行い剥片を取る（B,C）。細かい入念な打面を作り（C 下段）、予定した形の目的剥片を剥離する（D）。E は最終的な目的物。

があると考えられた。

石器製作技術は、より規格化（石刃技法の出現）し、石器の器種分化もいちじるしく、その革新速度も飛躍的に増した。それまでは単に食糧の残《ざん》滓《し》としてしか認識されていなかった骨や牙を、道具や装身具などの素材に活用するようになった。

石刃の生産は、現生人類出現以前の前期・中期旧石器時代にも散発的に認められるが、新しく登場した真性の石刃技法は、それまでの二次元的（平面的）な石核の利用とは異なり、石核を三次元的（立体的）に消費する（容積減少型変形）ため、石材消費効率がいちじ

＊ムステリアン　中期旧石器時代の文化のひとつ。モヴィウス・ラインの西側（29p参照）に分布し、ネアンデルタール人によって作り出されたと考えられている。ルヴァロワ石器などが含まれる。

るしく改善された。

　その結果、これまで優良石材産地付近に行動範囲が限定されがちであった遊動領域の拡大が可能となり、狩猟に適合した範囲で十分に遊動できる行動戦略を選択するように変化した。細石刃技術は、この石材消費を究極まで節約した技術で、黒曜石《こくようせき》や頁岩《けつがん》のような優良石材を利用して、大型動物狩猟のために広域に移動することが可能になった。

　さらに狩猟技術の発達のうえで重要なことは、着柄《ちゃくへい》技術の本格的な出現である。中期旧石器時代のムステリアン*の石製狩猟具（ルヴァロワ・ポイント*など）は槍《やり》の先端として使用されたと考えられるが、槍（おそらく木質）に着柄するための顕著な基部加工は施されていな

真正の石刃技法（大沼克彦『文化としての石器づくり』より）

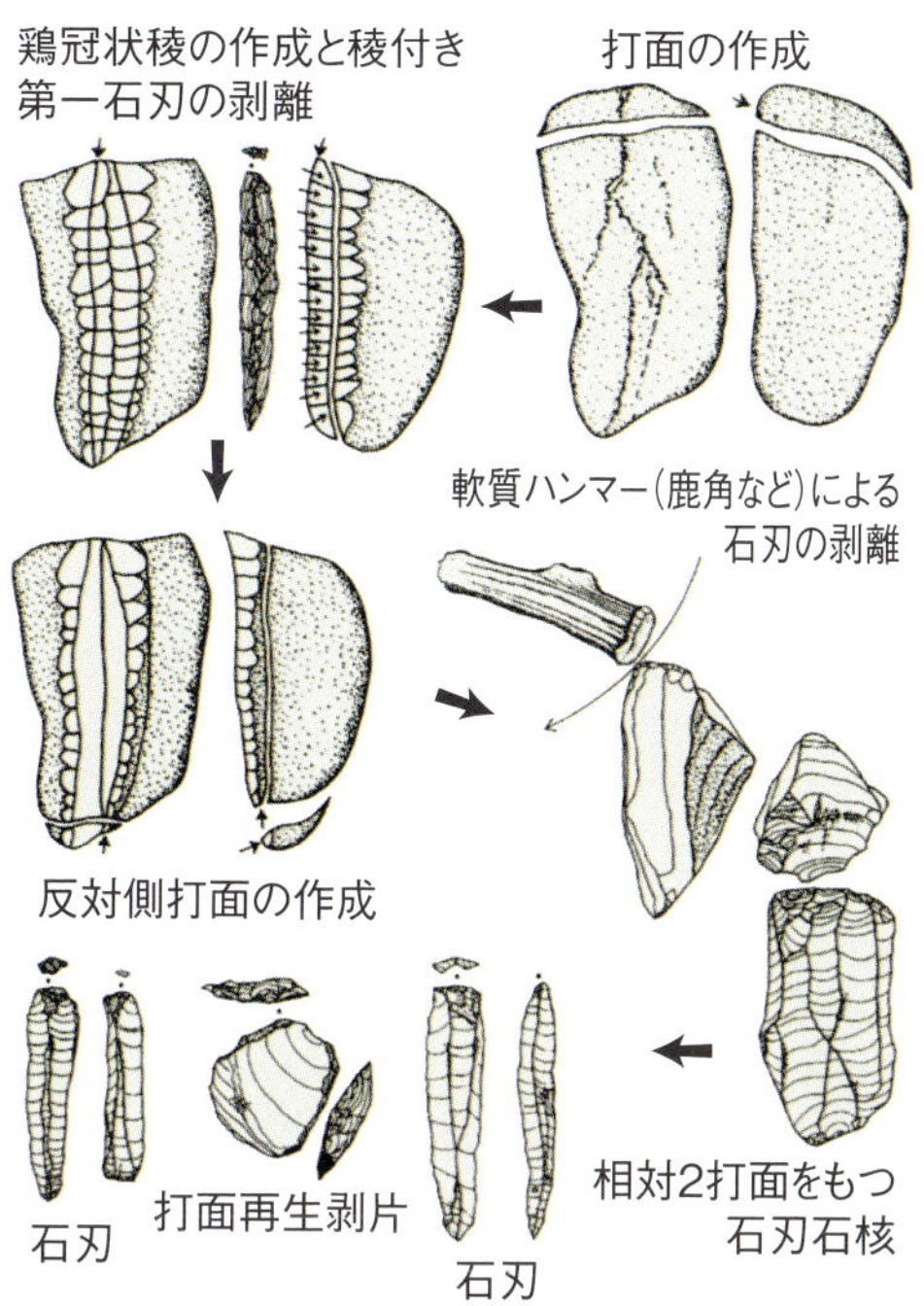

中期旧石器時代のルヴァロワ技法からも石刃は生産されるが、あくまでも石核の片面だけから生産される。それに対して後期旧石器時代の真正の石刃技法は、石核全体から石刃を生産する。つまりルヴァロワ技法は原石を２次元的に消費するだけであるが、真正の石刃技法は原石を３次元的に消費するので、石材の消費効率が格段に向上した。

初期後期旧石器時代の石刃技法　中国北部水洞溝遺跡出土。

*ルヴァルワ・ポイント　ルヴァロワ技法によって生産された剥片のうち、三角形を呈する剥片を用いた石器。二次加工はほとんど施されないが、そのまま狩猟具として使われたと考えられている。

い。いっぽう後期旧石器時代の石製狩猟具である基部加工尖頭形石刃石器《せんとうけいせきじんせっき》には、名前のとおり、着柄のための顕著な基部加工が施されることに特徴がある。

本格的な着柄加工は、ほかの後期旧石器時代の石製狩猟具にも普遍的にみられる特徴であるが、これは槍の使用法が突き槍から投げ槍に大きく変化したことに対応した技術進化と考えられる。見通しのきく草原などのオープン・スペースでの大型獣狩猟には、投げ槍が重要であった。

広域移動と石材環境

列島の旧石器人たちは、黒曜石・頁岩・安山岩《あんざんがん》といった分布の限られる優良石材を用いた石刃技法を駆使して、大型狩猟具である各種の基部・側縁加工尖頭形石器を生産するいっぽう、粗悪ではあるが豊富な在地石材を利用して台形様石器や切出形石器《きりだしがたせっき》・小型剥片石器などの小型狩猟具の両者を生産していた。したがって、優良石材を中心に石器に利用した石材産地の場所を特定できれば、それらを用いた集団の行動領域を復元することが可能となる。

幸いなことに、ほとんどの石材の産地は現在も過去も同じであるため、現在こうした石材環境を調査し、旧石器集団の行動領域や、そのための技術適応および集団間の社会関係を推定する研究が盛んに行われている。

たとえば、研究の進展している南関東の下総《しもうさ》台地では、旧石器時代をつうじて数多くの遺跡が台地上に展開しているいっぽうで、使われている石器石材の大部分は、台地を取り巻く山地に主要な供給源があることから、下総台地の集団は、南は房総半島南部から北は東北地方南端にかけての範囲を往還する行動領域（下野＝北総回廊）を形成しており、時代変遷に応じて領域の縮小と拡大を繰り返していたことがわかっている。下総台地の旧石器人にとって、台地は狩場であるいっぽう、山地は石材獲得の供給源であった。

■関東地方における石器石材産地の分布　（国武貞克「石材と行動」より）

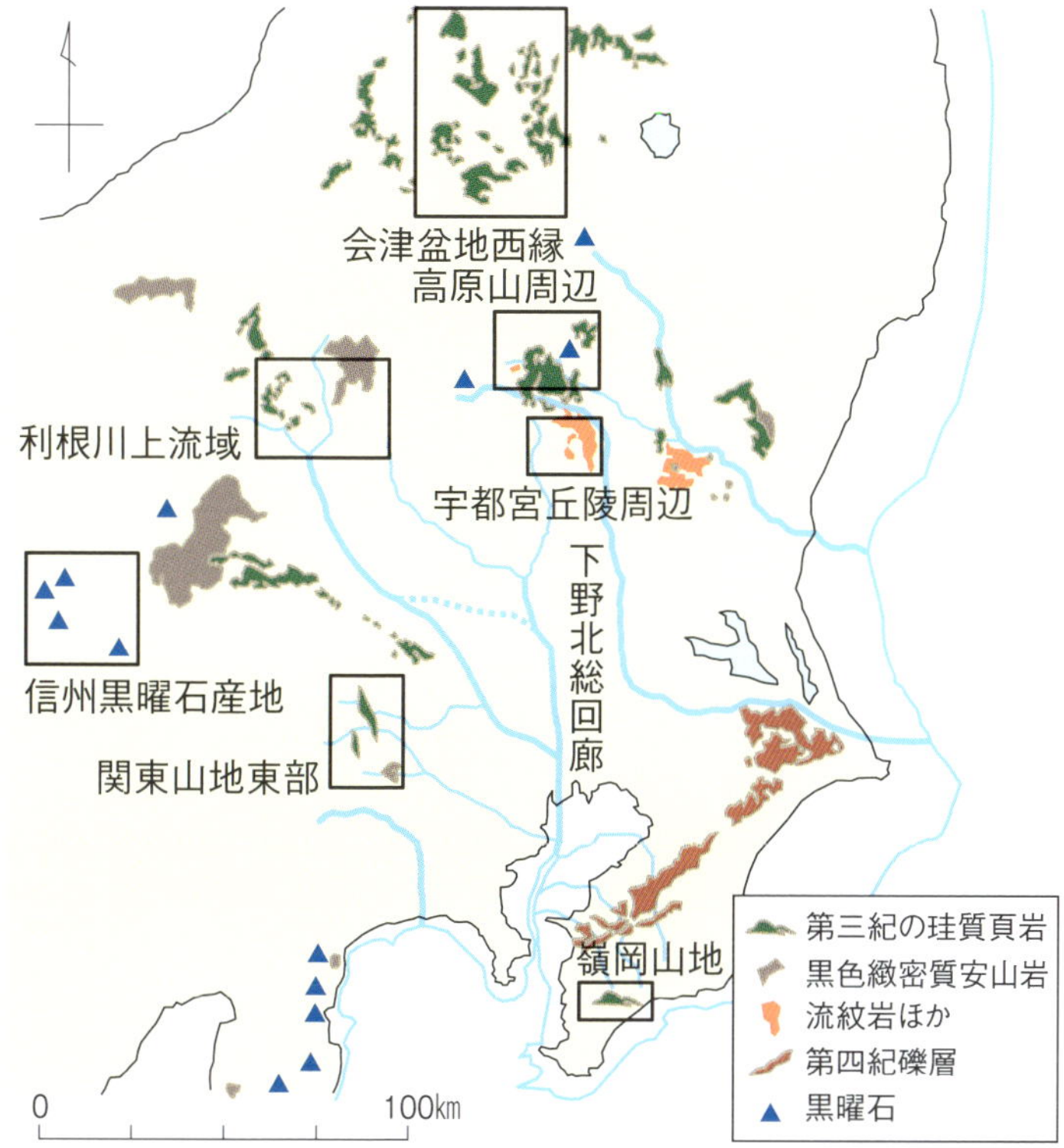

下総台地の旧石器人は良質な石材を近くで獲得できなかったため、利根川上流（黒色緻密質安山岩）・宇都宮丘陵（流紋岩）・高原山（黒曜石）や会津盆地（珪質頁岩）・関東西部（チャート・珪質頁岩）・南房総（珪質頁岩）等の間を往還していた。

側縁加工尖頭形石刃石器
石材には、遠く離れた地域で出土する珪質頁岩（会津地方周辺の頁岩）が使われた。千葉県銚子市三崎三丁目遺跡出土。

遊動の生活

旧石器時代の遺跡と遺跡形成過程

遊動生活を送っていた列島の旧石器時代の遺跡は、石器製作の痕跡を示す遺物集中のいくつかのまとまりから主として構成されている。

古本州島の遺跡では、後半期を中心に、焼けた痕跡をもつ礫《れき》やその破片のまとまり（礫群）、あるいは未焼成《みしょうせい》の礫のまとまり（配石）といった遺構が認められることもあるが、すべての遺跡にあるわけではない。海外の旧石器時代の遺跡に多い炉跡が発見されることは稀《まれ》だが、古北海道半島の場合は比較的多くの炉跡が検出されている。

遊動生活を送るのに必要なテントの痕跡は、確認がむずかしいためか発見例はほとんどなく、墓跡も同様である。一万四五〇〇か所もある列島の旧石器時代遺跡の多くは、遺物集中地点から構成されており、狩猟活動のための石器製作の様相はうかがうことができるが、ほかの生活の実態はよくわかっていない。礫群はおそらく調理施設であると考えられるが、配石の具体的な用途は未詳である。

遺物集中地点を中心に、遺跡から出土する石器類は、通常、上下に五〇センチメートルほどの厚さをもって検出されることが一般的で、これらの証拠から、遺跡が形成されたあとに

東京都東久留米市多聞寺前遺跡検出の礫群　野外での調理施設の跡と考えられている。

炉跡　木材を燃やした痕跡である炭化物（写真の黒い部分）が集中しているのが炉跡。北海道千歳市、柏台１遺跡。

炉跡　土が真っ赤に焼けた炉跡が見つかっている。静岡県沼津市、運動公園遺跡。

遺物が埋没するプロセスで、寒冷気候や土中の生物活動、傾斜地での緩慢な移動などの影響により、遺物の分布が上下左右に拡散される現象があることがわかっている。

遺跡が形成されてから、今日我々の前に姿を現すまでのあいだに、遺跡や遺物・遺構は多くの自然的、人為的な改変作用を受けており、遺跡形成過程研究と総称されている。さまざまな成因が考察されており、たとえば遺跡にあったはずの動植物食糧の残滓《ざんし》が消失しているのは、土壌生物の活動や土壌そのものの質（酸性土壌による分解）が原因と考えられる。テントの痕跡のような微弱な土地改変（細い木を表面に刺した跡など）の痕跡は、土壌そのものが流体であるという性質によって失われてしまう。こうした遺跡形成過程で失われた痕跡は、今日の科学技術だけでは完全に復元できないので、現生狩猟採集民の民族考古学的研究（狩猟採集民考古学）を参考にすることが欠かせない。

遊動生活を考える

現生狩猟採集民の行動を観察することで、過去の先史狩猟採集民が採用していたであろう行動戦略モデルが数多く提案されてきた。とくに重要なのは、資源の構造に応じて狩猟採集民が選択する、さまざまな行動方式に関する理論的検討である。

資源構造が均質な場合、狩猟採集民は、居住地自体を移動させながら周囲の資源を漸次《ぜんじ》開発していく、相対的に単純な巡行型の移動戦略（フォレジャー）を原則として採用するが、資源構造が不均質で、特定の有用資源が時間や空間（場所）を換えてつぎつぎと出現する場合、狩猟採集民は居住地を中心に、各種の資源探索・開発のための小集団を周囲に派遣して、

■行動戦略モデル　　（鈴木美保「自然のもとで生きた時代［旧石器時代］」より）

	フォレジャー型（移動キャンプ型）	コレクター型（拠点回帰型）	定住村落型（通年居住型）
居住・移動の図式モデル	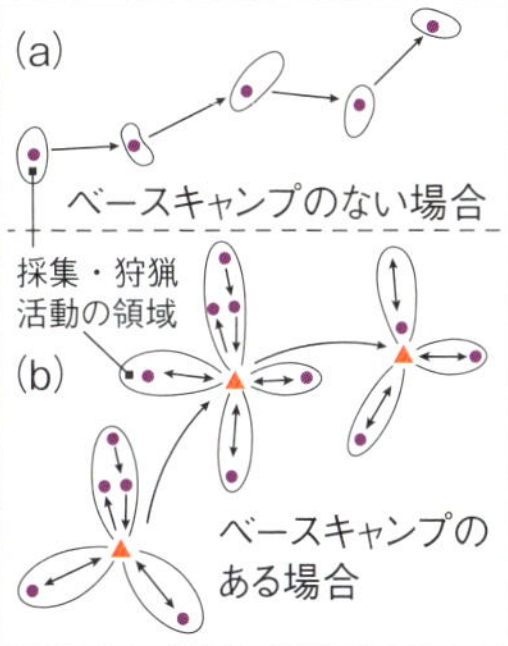	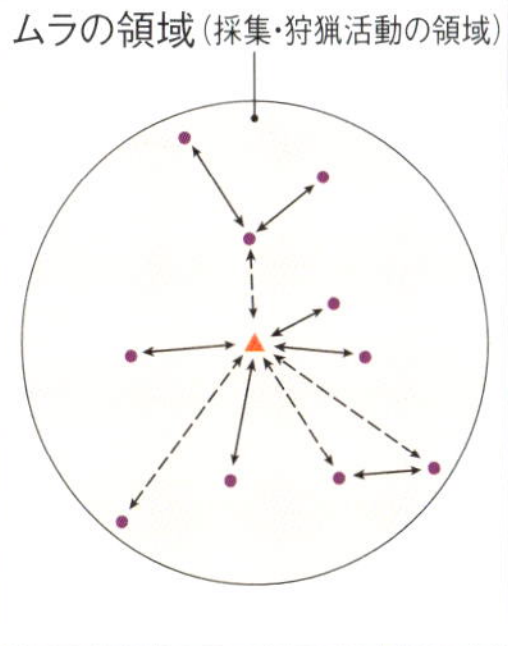	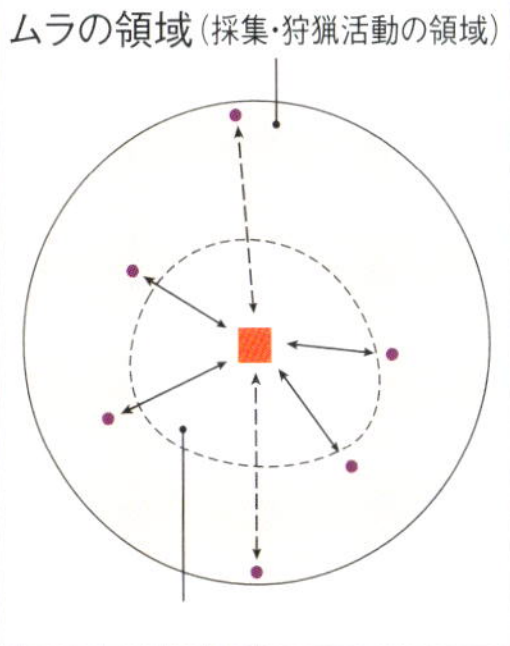
環境	食料資源が季節や場所の制限を受けることなく、いつでも得られる	食料資源の種類が季節や場所によってかたよる	食料資源の種類が季節や場所によってかたよる
採集・狩猟民の種類	熱帯・亜熱帯の採集・狩猟民 氷河時代の大型獣狩猟民	中・高緯度の採集・狩猟民	中・高緯度の採集・狩猟民
拠点と移動	集団の全員が食料の所在地へ移動 ベースキャンプも移動	ベースキャンプがあり、必要に応じて、小さな移動キャンプに特定の集団を派遣する	定住村落が成立。ムラの周辺に二次林（半栽培園）。遠距離の採集・狩猟の比重が減少する
消費と貯蔵	獲得した食料を貯蔵せず消費	獲得した食料を加工・貯蔵する	水さらし、発酵、その他食用化や貯蔵の技術が進む。儀礼や交易活動の発達。
貯蔵	貯蔵なし	貯蔵あり	貯蔵あり
社会	高密度社会への適応なし	高密度社会への適応なし	高密度社会への適応あり
代表例	ブッシュマン、ピー・トン・クワン、オーストラリア・アボリジニ、マンモス・ハンター	カリフォルニア・インディアン、アイヌ、エスキモー、ニヴヒ、縄文時代人	北西海岸インディアン、新しいタイプの縄文時代人

有用な資源がいつ、どこで得られるかという条件（資源構造）によって狩猟採集民の行動は異なる。旧石器時代の人々も同じ条件下にあったはずである。

異なる資源を効率的に利用しようとする兵站《へいたん》的な移動戦略（コレクター）を構築する傾向が強い。

従来の解釈では、両者はしばしば時間（進化）的関係として、フォレジャーからコレクターへと文化的に発展したと捉えられてきたが、そうではなく、むしろ資源環境の構造によって規定されていることを理解したモデル構築が必要となる。

均質な資源構造の典型は、熱帯を中心とした「細区画的」な資源構造が相当するので、列島の場合は古琉球諸島が該当する可能性が高い。それに対して古北海道半島や古本州島では「粗区画的」な資源構造を有していたと思われるので、兵站的な移動戦略を原則として採用していたと考えられる。

狩猟採集民の居住形態は、食糧資源や道具・施設の材料調達、危険回避《リスク》、水源や好適な居住環境の獲得といった、開発リスクをなるべく低減させようとする行動戦略に基づいて、居住システムが異なってくる。これらの居住生計システムを構成する各活動系は、近代社会とは異なり、相互に独立した活動ではなく、種々の行動が互いに結びついた、柔軟で可変的な行為である点にもっとも大きな特徴がある。

したがって、たとえば旧石器時代資料としてもっとも普遍的に認められる、石器石材の受給システム（石材消費戦略）は、ほかの一般的で日常的な活動系のなかに「埋め込まれている」のだから、その解明をとおして、往時の居住・行動システムを説明するモデルを構築することが可能となる。つまり石材産地と居住地の往還は、単に石材採取行動の範囲を意味しているのではなく、当該集団の生活・社会領域そのものを意味すると解釈することが可能になるので、石材研究は重要となるのである。

狩猟採集民が道具を製作し使用する場合、将来にわたって使用することが前提とされているときには、慎重でていねいな製作と繰り返し使用が行われる（管理的）が、その場限りの使用を前提とする場合には、その使用に耐えられる程度の粗い製作によって製作され、その後ただちに廃棄される（臨機的）。

遺跡で発見される機会の多い両者は、従来の文化史復元パラダイムでは、文化的発展の時間差として理解されてきたが、そうではない。古本州島の前半期でみられる台形様石器《だいけいようせっき》（臨

管理的石器（彫器） 北海道千歳市、柏台１遺跡出土。

臨機的石器（台形様石器）千葉県酒々井町、墨古沢遺跡出土。

機的）と基部加工尖頭形石器《せんとうけい》（管理的）の同時並存（二極構造）は、その典型である。

こうした道具をめぐる広義の機能性は、資源開発にも認められる。たとえば食糧資源の性格により、獲得後ただちに消費するか、それともいったん貯蔵し、あるいは食物として可食化するまでの処理に時間がかかる場合には、獲得後しばらく経ってから消費されることになる。当然この違いに応じて、狩猟採集民の用意する技術システムは異なるため、結果として残される遺跡の構造も相違することになる。

また、資源の予測可能性に応じて発揮される技術システムも異なってくる。特定の草食性大型獣のように、開発対象となる資源の出現が事前に十分予測可能な場合には、その資源の開発に合わせた専用の道具を製作し、それを作業の場に携行して活動を行うので、そのための専門的な技術システムが発揮される（信頼性システム）。

ところが、特定の資源開発を事前に予測できない場合には、多種の資源開発に応用可能な汎用の道具を製作し運用するため、十分な補修道具を具備した技術システムが採用されることになる（保守性システム）。

古北海道半島や古本州島では信頼性システムに基づいた専用の狩猟具や加工具が準備されたが、古琉球諸島では目立った狩猟具を用意しない保守性システムが採用されていた可能性が高い。

遺跡から、食糧として利用していたはずの動植物遺体がみつからない列島の旧石器時代人の生活を解明していくためには、動植物相や古環境条件に配慮しながら、狩猟採集民研究で明らかとなった理論的モデルを参考として解釈する必要がある。

第五章 旧石器時代から縄文時代へ

更新世末期

後期旧石器時代末期の細石刃石器群

後期旧石器時代末期（一・八〜一・六万年前）になると、中琉球以南の古琉球諸島を除く列島全域に細石刃石器群が展開した。古北海道半島ではすでに二・五万年前以降、細石刃石器群が広がっていたが、古本州島では古北海道半島の湧別《ゆうべつ》系細石刃石器群とは異なる*稜柱《りょうちゅう》系の野岳《のだけ》・休場《やすみば》型細石刃石器群が、関東で二万年前に出現した。

やがて一・八万年前になると、稜柱系*が古本州島全域に広がるいっぽう、古北海道半島の湧別系細石刃石器群（札滑型・白滝型）が一・七万年前に古本州島東半部に拡散した。この石器群は古本州島では北方系細石刃石器群と呼ばれており、縄文時代草創期まで残って出現期の土器をともなうこともあった。

ほぼ同じころ、九州に、朝鮮半島から異なる湧別系細石刃石器群が流入し、石ケ元《いしがもと》型や福《ふく》井《い》型といった細石刃石器群が形成される。福井型は土器をともなっているので、縄文時代草創期に属する。

東・東北アジアにおける最古の土器の出現

＊稜柱系　矢出川技法によって製作された円錐形・角柱形細石刃核のこと。47ページの図参照。

東アジアや東北アジアでは、世界に先駆けて更新世の氷期に世界最古の土器が出現した。もっとも早いのは東・南中国で、ＬＧＭ終了直後の二・二万年前となる。この地域は一貫して亜熱帯気候が卓越していたが、ＬＧＭのころは寒冷化により温帯森林が発達し、環境変化に適応す

野岳・休場型細石刃核　稜柱系細石刃核の典型で、古本州島の全域に広がった。鹿児島県建山遺跡出土。

福井型細石刃核　湧別技法によって製作されているが、古北海道半島の系統ではなく、朝鮮半島を経由したと考えられる。打面を側方からの連続剥離で形成することに特徴がある。九州を中心に西日本にみられ、国外では東北アジアからアラスカまでの広大な地域に分布する。長崎県佐世保市福井洞窟遺跡出土。

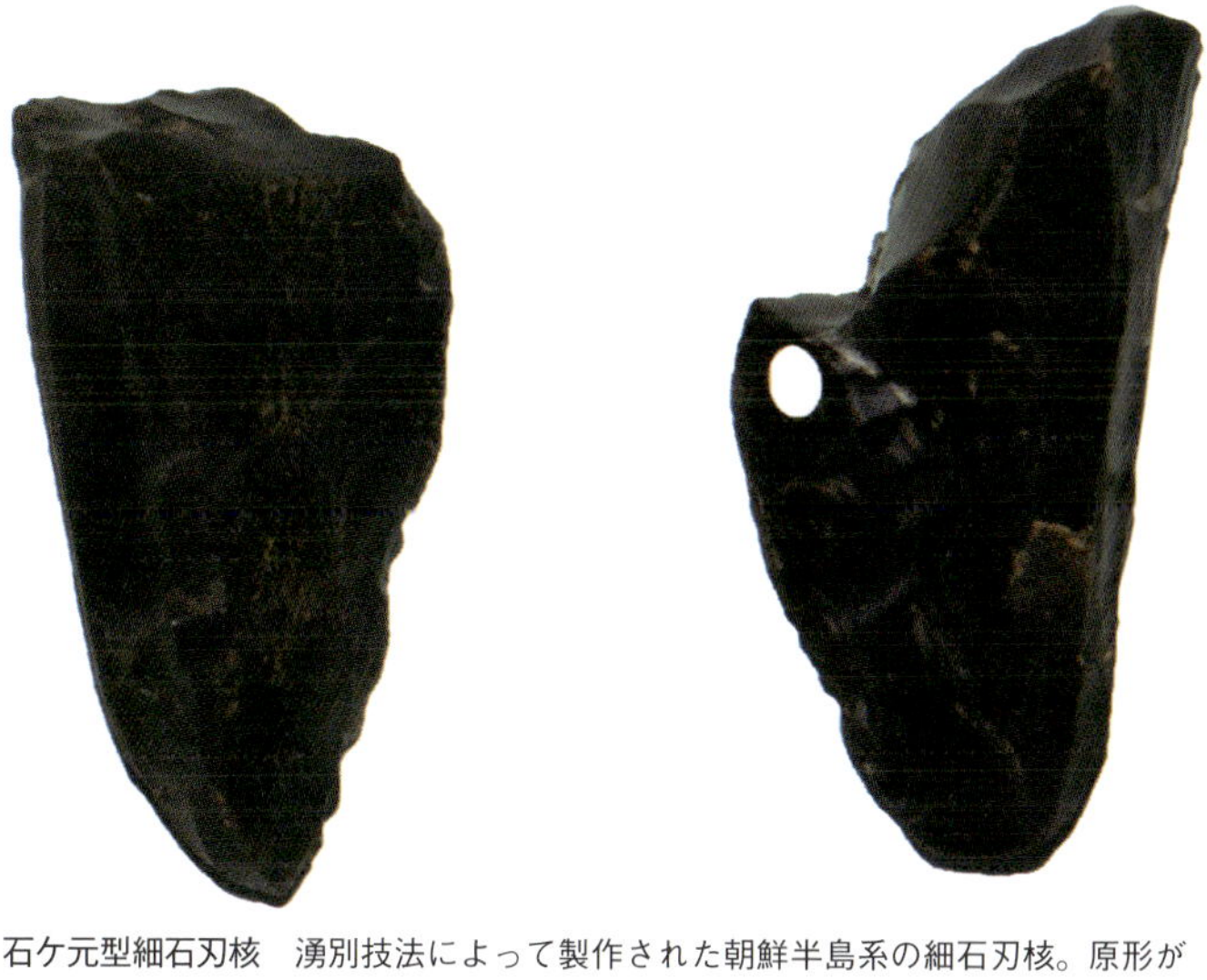

石ケ元型細石刃核　湧別技法によって製作された朝鮮半島系の細石刃核。原形が縦に長い特徴をもつ。九州に分布の中心がある。、福岡県福岡市大原Ｄ遺跡出土。

るため水産資源の利用にともない土器が発明されたと考えられている。

続いて古本州島で土器が出現する（一・六万年前）。この時期は氷期末にあたり、寒冷化の度合いを強めつつあったので、縄文土器の機能として重要なドングリなど堅果類のアク抜きに起因するとは考えにくく、実際に古本州島北部や古北海道半島、シベリアなどの土器付着物の同位体食性分析がいずれも水産資源利用が主体であることを示すため、北方の出現期の土器は、水産資源利用が主体であった可能性が高い。古本州島で出現した土器は、その後断絶することなく、ほぼ今日まで製作が続けられたので、最古の土器の出現をもって縄文時代の開始（縄文時代草創期）とみなすことができる。

その後晩氷期（一・五～一・一七万年前）と呼ばれる更新世末の世界的な気候激変期が訪れるが、北海道とロシア極東のアムール川中下流域、そしてバイカル湖周辺で、ほぼ同時に土器の製

■ 東・東北アジアにおける最古の土器を出土した遺跡の分布

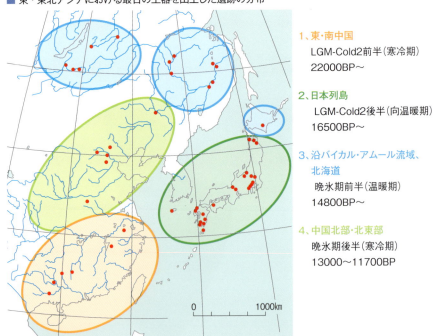

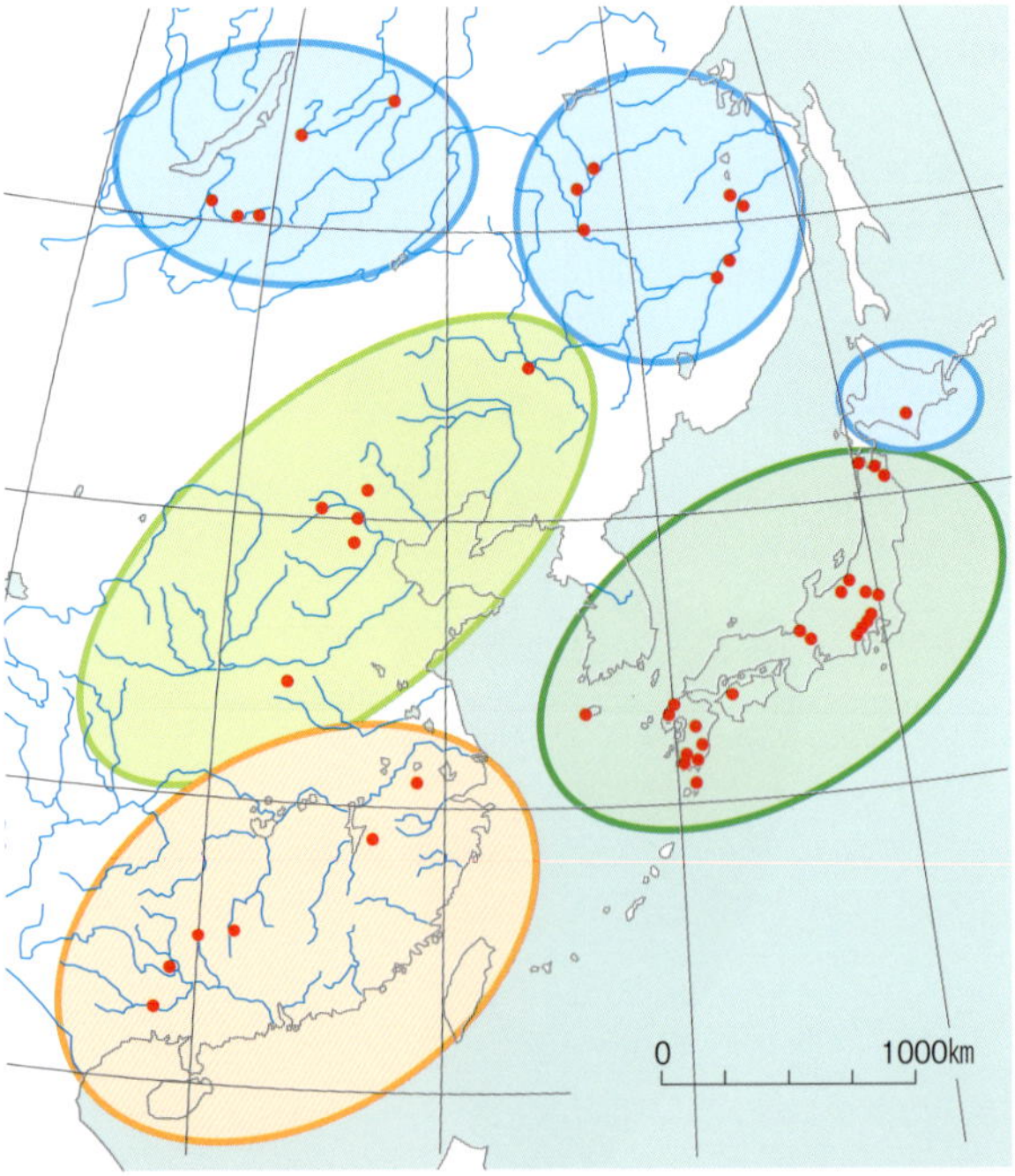

出現期の土器は更新世の氷期から晩氷期にかけて東・東北アジアの各所で出現するが、最初の出現地から同心円状に分布が拡大したり、寒冷・温暖といった気候変動に連動するようなプロセスを示すことはない。土器の出現を単純に説明することは困難である。

■晩氷期の気候変動

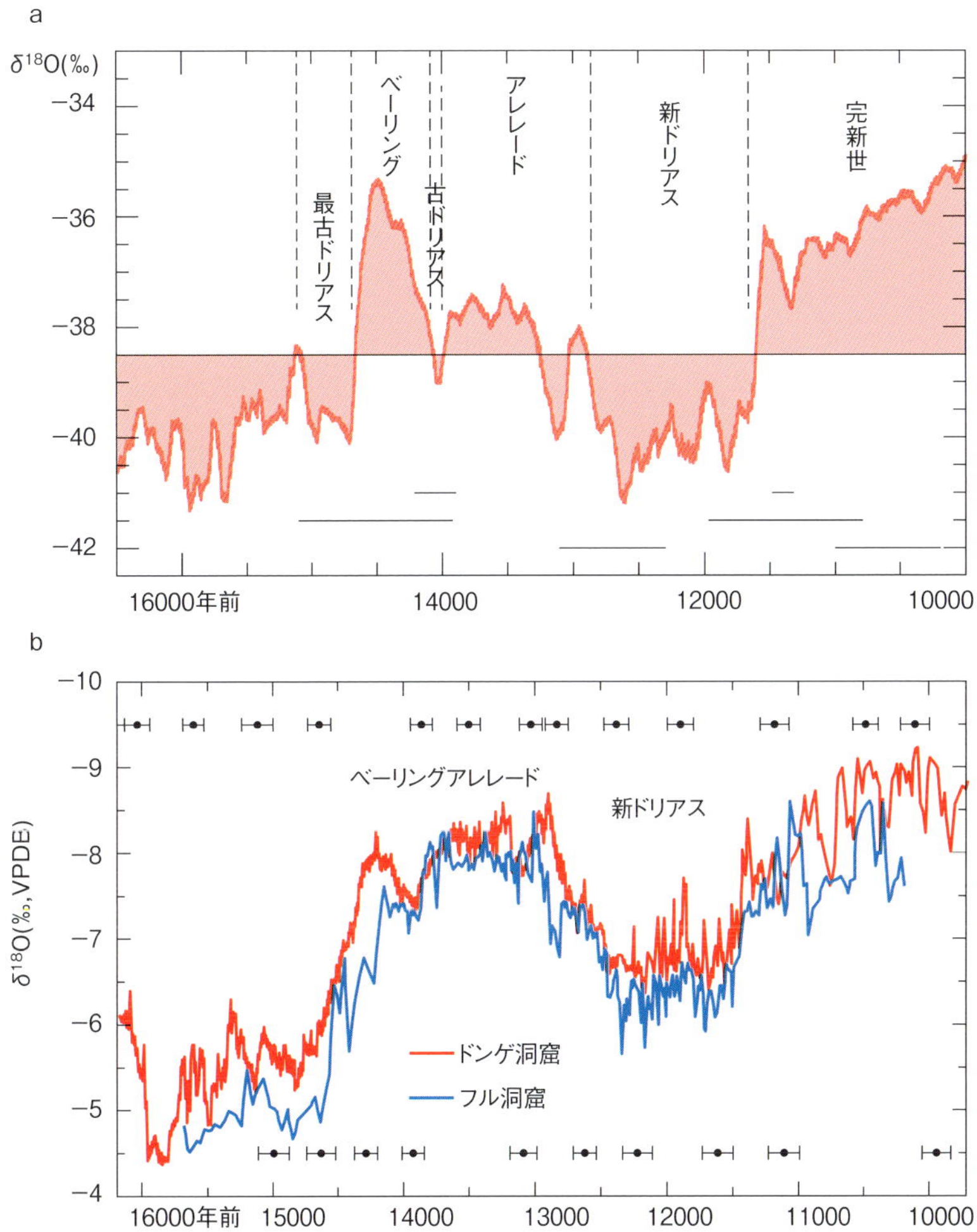

晩氷期の気候変動　折れ線が上を向くほど温暖、下を向くほど寒冷を示す。上：ヨーロッパにおける気候変動 DO サイクル　下：東アジア（中国）における気候変動 DO サイクル。　上下のグラフはよく似ており、ヨーロッパと東アジア（中国）の気候変動が連動していることがよくわかる。

作が開始された（一・五万年前）。

　晩氷期は北欧などの花粉分析では、短期間に五回の短い寒暖のサイクルが繰り返されたことがわかっているが、東アジアや日本ではそれほどはっきりとしないので、前半の温暖期（ベーリング・アレレード期、一・五〜一・三万年前）と後半の寒冷期（ヤンガー・ドリアス期、一・三〜一・一七万年前）に区分するのが一般的である。北海道やシベリア各地の土器出現期は前半の温暖期に当たるが、中国北部や東北部では後半の寒冷期に土器が出現する。

このように東・東北アジアにおける最古の土器の出現過程は複雑である。最古の発生地を中心として、そこから周辺に土器の製作技術がしだいに伝播するといったわかりやすい図式は成立せず、相互に独立した小地域で個別に出現した。しかも温暖期や寒冷期といった気候環境の変化に相関することもない。

したがって最古の土器の出現プロセスを単純に理解するモデルは、いまだよくわかっていないというのが実情である。

土器の出現と縄文時代のはじまり

縄文時代草創期（一・六〜一・一七万年前）

更新世に属し五〇〇〇年ちかく継続した縄文時代草創期は、おおむね三時期に分けられる。第一の時期（一・六〜一・五万年前）は晩氷期直前の向寒冷期にあたり、石器群は短期間に目まぐるしく変化した。大型両面体尖頭器と円鑿《まるのみ》と俗称される、片面が甲高の局部磨製石斧に特徴をもつ神子柴《みこしば》系石器群（一・六万年前前後）に前後して、大量の細身の柳葉形両面体尖頭器を指標とする本ノ木《もとのき》石器群が出現した。

本ノ木石器群は河川のすぐそばに遺跡を形成しており、そのなかのひとつ東京都前田耕地《まえだこうち》＊遺跡からはサケの顎骨《がっこつ》が大量に出土したので、内水面漁撈が開始されたことがわかる。前田耕地遺跡からは、土器の小破片と二棟の小屋跡が検出されており、内水面漁撈が定着化の引き金のひとつであったと考えられる。両面体尖頭器と石斧は形態変化を示しながら草創期をつうじて維持されているが、土器の出土例は限られており、文様をもつ土器が少ないので、土器文化の様相はよくわかっていない。

第二の時期（一・五〜一・三万年前）は晩氷期前半の温暖期に相当し、隆起線文《りゅうきせんもん》・爪形文《つめがたもん》土器文化が繁栄した。温暖期なので列島全体で遺跡数がいちじるしく増加する。

＊前田耕地遺跡　東京都あきる野市に所在する古代から縄文時代にかけての遺跡。多摩川の支流である秋川と平井川に挟まれた低位段丘上に立地し、草創期の生活面はしばしば洪水堆積に襲われた。そのため遺構や遺物の保存状況は良好で、大量の石器とともに動物骨も出土した

代表的な神子柴系石器群　中央と右は、黒曜石製の両面体尖頭器。左は局部磨製石斧 (丸鑿)。長野県伊那市、神子柴遺跡出土。

古北海道半島にも遺跡が認められるが、その後継続しなかった。遺跡の密度は南高北低を基調とするので、気候温暖化に支配された遊動的な居住・生活行動を基本としていたと考えられる。

南九州ではいち早く温暖化に対応した生計活動が採用されたようで、一遺跡あたりの土器出土量は大きく増大し、土器の器種分化や陥《おと》し穴《あな》・炉《ろ》穴《あな》・竪穴《たてあな》住居といった各種遺構の構築活動も活発に行われた。同地域ではドングリの詰まった貯蔵穴が検出されており、土器付着物の同位体食性分析でも堅果類のアク抜き処理の痕跡が認められるなど、のちの縄文時代に普遍的にみられる諸様相の先駆けがみられた。

　おそらくいち早く拡大を開始した温帯森林への適応行動であったと思われる。しかしながらこうした様相は、九州以北の地域では一般化しなかった。

　第三の時期（一・三〜一・一七万年前）は晩氷期後半の寒冷期に相当する。遊動生活を基本としながらも、温暖期に定着的な生活行動に傾斜しはじめ人口も増大していた縄文社会は、きびしい寒冷期を迎えてはげしく動揺した。

　この時期は爪形文・多縄文・押圧《おうあつ》縄文土器が使われていたが、これらの土器を出土する遺

柳葉形両面体尖頭器（上、本ノ木型尖頭器）と最古の住居跡（下）。東京都あきるの市、前田耕地遺跡。

跡は数が少ないので、人口は相当程度減少したと考えられる。はげしい寒の戻りに遭遇した縄文人は、人口を減らしながら遊動性を強めたと推定されるが、そのなかにあって宮崎県＊上《かみ》猪《いの》ノ原《はる》遺跡や静岡県＊大鹿窪《おおしかくぼ》遺跡などの南九州以外の地でも、最古の本格的な集落が形成された。

集住もひとつの行動戦略であったのであろう。ただし集落の形成をもってただちに定住生活が成立したとみなすのは早計である。

定住を、年間をつうじて一か所に居住する行為とみた場合、それが成立するには周囲の資源を安定して年間利用するシステムが必須となるはずなので、弥生時代以前には想定しがたい。自然資源の計画的、効率的な多角的利用をもっぱらとした縄文時代には、集落や関連施設は年間をつうじて維持されたとしても、集団の多くは季節的定住（季節的移動生活）を行っていたと考えられる。

このように長い草創期のあいだ、人びとは、遊動的生活を基調としながらも、のちの縄文時代早期以降に確立する温帯森林への適応生活としての縄文文化の諸要素をしだいに整えていったことは間違いない。

縄文時代早期（一万一七〇〇〜七〇〇〇年前）

晩氷期が終焉を迎えると、世界は一転して安定した温暖な気候の完新世を迎える。列島は五〇〇〇年ちかくに及んだ縄文時代への移行過程が終了し、ほぼ現在の自然環境へと移行して縄文時代早期を迎える。

＊上猪ノ原遺跡　宮崎市に所在する縄文時代草創期の集落遺跡。第五地点からは一四軒の竪穴住居や炉跡・集石・土坑などが検出された。

＊大鹿窪遺跡　静岡県富士宮市に所在する縄文時代草創期の集落遺跡。一一件の竪穴住居とともに、土坑・ピット・焼土跡・集石・配石遺構などが検出されている。

草創期の集落　上が北。静岡県富士宮市、大鹿窪遺跡。

隆起線文土器　神奈川県横浜市、月出松遺跡・花見山遺跡出土。

列島の植生は温帯落葉広葉樹の東日本と常緑広葉樹の西日本にほぼ二分されるが、いずれも森林を基本とするため、堅果類を主とする植物食糧が資源環境に本格的に参入した。すでに氷期の大型動物は姿を消しているため、動物資源はシカ・イノシシに代表される中小型獣となり、森林内でいっそう有効性を発揮する弓矢猟が狩猟法の主体となった。温暖化にともなう海面上昇によって、大陸棚《たいりくだな》のような浅海域と干潟《ひがた》が出現したので、サケ・マスや貝類のような生産量の大きい水産資源が利用可能となった結果、漁撈も本格的に採用されることとなった。

大陸性の乾燥気候が継続した周辺大陸とは対照的に、列島は日本海の成立（暖流の流入）と海域の拡大にともなって海洋性の温暖・湿潤な自然環境（四季の出現）に移行したため、狩猟・漁撈・採集の季節的な森林性の多角的経済システムを採用した縄文文化の範囲は、ほぼ今日の列島の範囲（北海道〜北琉球）に限られることになった。

しかしながら、気候温暖化の進行が遅れた北海道では、本格的な草創期の土器文化は十勝地方などの一部を除いて認められず、依然として遊動性の顕著な行動戦略が継続していたため、縄文化は温帯森林の北上にともない、道南から開始されることになる。道北を除く道内全域に縄文的生活構造が波及するのは、縄文時代早期中葉を待たねばならなかった。

九州以北の列島型後期旧石器時代に相当する遺跡が分布した北琉球の北部には草創期の遺跡が認められるが、それ以南は不明瞭である。縄文時代前期以降、北琉球はおおむね縄文文化圏に包摂されるが、沖縄本島のある中琉球は移行圏といえ、先島《さきしま》諸島からなる南琉球は、自然環境の相違から、より南方の生活文化の影響下にあったと考えられる。

急速に温暖化した縄文早期は、縄文的生活構造が確立した時代であり、堅果類を主とする植物採集、シカ・イノシシなどの動物狩猟、内湾性のちには外洋性を加えた魚類や干潟・浅海での貝類といった水産資源からなる漁撈・採集資源の季節的、計画的獲得を組み込んだスケジューリングが各地で固有に成立した。柱と炉を有する本格的な竪穴住居が、社会の構成原理を反映した形で計画的に複数配置される拠点的な集落が形成されはじめ、高度な狩猟採集経済を基盤とする定着的な縄文社会の確立を迎えることとなる。

縄文社会の特徴は、地域集団間の社会的ネットワークの発達にある。建築材・道具材（石材など）といった食糧資源以外の資源を領域外に普遍的に求める交換網がよく組織されていたため、こうした資源の獲得は、旧石器時代の遊動社会のような「埋め込み戦略」による自集団みずからの直接獲得に依存する必要は必ずしもなくなり、リスク低減・回避を相互の目的とした互酬《ごしゅう》性により生活資源の獲得を行うシステムが、すでに早期には確立していたと考えられる。

おわりに

旧石器文化が成立したあとの日本列島の歴史には、大規模な文化的断絶はいまのところ認められない。一部の地域を除いて顕著な無住期間はなく、列島の周囲から間断なく人が絶えず流入していたとしても、大規模な人間集団の交代は観察されない。旧石器時代の人びとが引き続き縄文文化を担ったことは間違いないと思われるので、今日人口に膾炙《かいしゃ》されるような「縄文時代が日本の基層文化である」といった言説は再考されて然るべきと考える。

三つの日本文化の基層は、旧石器時代の最初から形成されていた。これは列島という地理的要因も無視できない。

日本の旧石器研究は、現在世界水準にあるといっても過言ではない。縄文時代以降の研究にくらべて、英語などによる研究成果の国際発信も盛んに行われている。本書にはできるだけそのこと書き込んだつもりである。さらにくわしく知りたい方は、以下の参考文献を参照願いたい。

佐藤宏之　一九九二　『日本旧石器文化の構造と進化』柏書房

佐藤宏之編　二〇〇五　『食糧獲得社会の考古学』朝倉書店

安斎正人・佐藤宏之編　二〇〇六『旧石器時代の地域編年的研究』同成社

佐藤宏之編　二〇〇七『ゼミナール　旧石器考古学』同成社
佐藤宏之編　二〇〇八『縄文化の構造変動』六一書房
稲田孝司・佐藤宏之編　二〇一〇『講座　日本の考古学　第一巻　旧石器時代（上）』『講座　日本の考古学　第二巻　旧石器時代（下）』青木書店
佐藤宏之・山田哲・出穂雅実編　二〇一六『晩氷期の人類社会：北方狩猟民の適応行動と居住形態』六一書房

末筆ではあるが、コラム「石器製作技法」（三四ページ）の作成にあたり、堤隆さん（浅間縄文ミュージアム）の全面的なご協力をいただいた。また敬文舎の柳町敬直さんには大変お世話になった。記して謝意を呈したい。

協力者・協力機関一覧

・個人・機関・引用資料に分け、五十音順に列記した。
・掲載にあたっては十分に注意をしておりますが、何かお気付きの点がございましたら、編集部までご連絡ください。

■石井礼子／堤隆／山崎真治
■伊那市教育委員会（p.118）／沖縄県立博物館・美術館（p.67、p.72、p.73）／沖縄県立埋蔵文化財センター（p.70）／帯広百年記念館（p.52）／鹿児島県立埋蔵文化財センター（p.59、p.88、p.90、p.113）／熊本県文化財資料室（p.54）／慶應義塾大学文学部民族学考古学研究室（p.24）／国立歴史民俗博物館（p.77）／小平市教育委員会（p.79）／佐賀県文化課文化財保護室（p.59）／佐久市教育委員会（p.54）／佐世保市教育委員会（p.113）／酒々井町教育委員会（p.109）／静岡県教育委員会（p.87）／千葉県文書館（p.63）／東京都教育委員会（p.119）／遠野市教育委員会（p.11）／富里市教育委員会（p.63）／長野県立歴史館（p.80）／名古屋大学博物館（p.93）／新潟県教育委員会（p.62）／沼津市教育委員会（p.105）／羽曳野市教育委員会（p.59）／東久留米市教育委員会（p.105）／福岡市埋蔵文化財課（p.113）／富士宮市教育委員会（p.121）／房総のむら（p.77）／北海道埋蔵文化財センター（p.105、p.109）／明治大学博物館（p.62）／山形県教育委員会（p.64）／公益財団法人横浜市ふるさと歴史財団埋蔵文化財センター（p.121）
■『印旛郡史』／『松浦武四郎選集』２

索引 ◎写真・図版のあるページには＊を付し、くわしい説明のあるページは太字で表記した。

ヒスカルセレクション
考古1
旧石器時代
日本文化のはじまり

2019年12月5日　第1版第1刷発行
2023年 6 月8日　第1版第2刷発行

著　者　佐藤 宏之
発行者　柳町 敬直
発行所　株式会社 敬文舎
〒160-0023　東京都新宿区西新宿3-3-23
ファミール西新宿405号
電話　03-6302-0699（編集・販売）
URL　http://k-bun.co.jp
印刷・製本　中央精版印刷株式会社

Printed in Japan ISBN978-4-906822-30-0